Nicht mache dir Fetische!

AF164095

BEITRÄGE ZUR SOZIALÖKONOMISCHEN
HANDLUNGSFORSCHUNG
NR. 7

Arne Hilke

# Nicht mache dir Fetische!

Zu alttestamentlichem Bilderverbot
und Marx'scher Wertkritik

Kuno Füssel zum 75. Geburtstag

> Bibliographische Information der Deutschen Bibliothek
> Die Deutsche Bibliothek verzeichnet diese Publikation in der Deutschen Nationalbibliographie; detaillierte bibliographische Details sind im Internet unter `http://dnb.dbb.de` abrufbar.

Korrigierte Auflage

© September 2016 – Holger Heide (Vorwort), Arne Hilke

Die Schlagwortwolke auf dem Buchcover wurde erstellt mit einem Tool auf der Seite `https://tagul.com/` und dort über einen sogenannten Tagul-Basic-Plan-Vertrag mit der Artikelnummer DKTRY-P-L10M1 erworben.

Herstellung und Verlag: BoD – Books on Demand, Norderstedt.

**ISBN: 978-3-7412-5637-0**

## Vorwort des Herausgebers

Seit 1999 hatte das SEARI[1] in der Reihe *Beiträge zur sozialökonomischen Handlungsforschung* einige Texte herausgegeben, die entweder aus dem Diskussionszusammenhang innerhalb des Instituts entstanden waren oder zumindest vor ihrer Veröffentlichung in wesentlichen Teilen intensiv von uns diskutiert worden waren. Die Beiträge sind damit allesamt Resultate theoretischer und praxisnaher Forschungen, die sich – wie es der Titel der Reihe ausdrücken soll – im Schnittpunkt von Handeln und Theorie bewegen.

Das SEARI war damals ein Institut im Fachbereich Wirtschaftswissenschaft der Universität Bremen. Das Interesse dieser Arbeitsgruppe galt der wissenschaftlich-kritischen Dokumentation und Analyse der gegenwärtigen Tendenz der Extensivierung und Intensivierung ökonomischer Verwertungsprozesse. Ein besonderes Anliegen bestand dabei darin, die Dynamik des Kapitalismus im Zusammenhang mit dem Wandel von Formen und Inhalten der Subjektivität der in diesen Prozess involvierten Individuen zu untersuchen. Der Forschungsrahmen war hierbei stets interdisziplinär angelegt und bezog neben politisch-ökonomischen vor allem soziologische und sozialpsychologische Aspekte wirtschaftlichen Handelns ein. Als mit meiner Pensionierung und damit mit dem Wegfall des Institutsleiters im Jahre 2004 das SEARI nicht mehr als universitäres Institut aufrechterhalten werden konnte, entschloss sich das SEARI-Kollektiv, das Institut als gemeinnützigen Verein weiterzuführen, um

---
1 Die Abkürzung SEARI steht für „Social Economic Action Research Institute" (Institut für sozialökonomische Handlungsforschung) und wird – die den Deutschen nachgesagte Eigenschaft, das englische *th* nicht aussprechen zu können, auf die Schippe nehmend – in etwa wie das englische Wort „theory" (Theorie) ausgesprochen.

## Vorwort

die Diskussion in einem verlässlichen Rahmen und in einer postakademischen Ausrichtung fortsetzen zu können.

In der Zeit nach 2004 haben wir – in der Hauptsache aus finanziellen und arbeitstechnischen Gründen – zunächst auf die Publizierung von Diskussionsergebnissen in unserer Reihe verzichtet. Großenteils sind sie in anderweitige Publikationen eingeflossen. Wir freuen uns, dass es uns gelungen ist, unsere Diskussionen über zwölf Jahre hinweg kontinuierlich fortzusetzen und lebendig zu halten. Sie sind im besten Wortsinn ein Diskurs.

Anlässlich der Diskussion über die außerordentlich spannende Bachelorarbeit von Arne Hilke mit dem Titel *Nicht mache dir Fetische!* haben wir uns nun entschlossen, diese in einer vom Verfasser ganz leicht überarbeiteten Form als Nr. 7 in der Schriftenreihe zu veröffentlichen und damit gleichzeitig einen Neustart der Reihe zu wagen.

Arne Hilke macht in seiner Arbeit den Versuch einer Annäherung zwischen so unvergleichlich erscheinenden Räumen wie dem Bilderverbot im Alten Testament und der Marx'schen Fetischkritik. Er arbeitet in seinem Text heraus, dass bei der bewussten Verwendung des Fetischbegriffs bei Marx ein vergleichbares „Denk- und Kritikmodell" vorliegt wie im alttestamentarischen Bilderverbot. Im Kern geht es in beiden Fällen darum, dass ein Produkt menschlichen Handelns dem Menschen als fremde Macht gegenübertritt. Das wird in dem Text anspruchsvoll herausgearbeitet. Obwohl es sich bei diesen „Produkten" um zunächst ganz unterschiedliche Dinge handelt – im Alten Testament geht es im Wesentlichen um die Abbildung von Göttern in Form von „Bildnissen", d. h. Götterstatuen, in der Marx'schen Theorie um die durch die Arbeit reproduzierten gesellschaftlichen Verhältnisse und die Vorstellung von ihnen einschließlich aller dazu gehörigen Begriffe –, lassen sich doch große Ähnlichkeiten herausarbeiten.

Arne Hilke erweist sich sowohl als Kenner auf beiden Gebieten als auch als Meister in der Auswertung einer immensen Literatur dazu. Über den Fetisch-begriff bei Marx gibt es eine recht breite Literatur, wenn man auch diejenigen Texte, die Marx vorrangig ökonomisch interpretieren und für die der Fetischbegriff daher ohnehin nur als Fremdkörper erscheint, aussortieren kann. Die Frage, ob Marx den Begriff bloß metaphorisch meint oder vielmehr als reale Kritik der Wirklichkeit der kapitalistischen Gesellschaft, muss jedenfalls beantwortet werden. Der Verfasser verfolgt die Quellen zurück bis in Marx' Frühwerk. Ebenso akribisch setzt sich Arne Hilke mit der religionswissenschaftlichen Diskussion der Begrifflichkeit von Bild und Fetisch auseinander. Seine Arbeit wurde von Erstgutachter Prof. Dr. Dr. Christoph Auffarth, einem Religionswissenschaftler, als „herausragend" beurteilt.

Hierzu kann eine kleine Anekdote angeführt werden: Arne Hilke ist ein ausgewiesener Kenner des Gelegenheitsphilosophen Günther Anders, den er als sein großes Vorbild bezeichnet und in dessen Tradition er sich sieht. Anders hatte bei Edmund Husserl, dem Begründer der Phänomenologie, mit einer Arbeit *gegen* Husserl promoviert.[2] Auch Hilke erlangt hier nun einen Abschluss (auch wenn es sich vorerst lediglich um einen Bachelorabschluss handelt) mit einer Arbeit *gegen* eine These seines Erstgutachters: Hilkes Feststellung, dass Gott und Götterstatue gleichgesetzt werden, dass die Götterstatue selbst Gott wird, widerspricht der Aussage Auffarths: *„Das Bild ist nicht gleich Gott"*. Auffarth kann sich lediglich zu der Aussage durchringen, dass das *„Götterbild [...] dann zum Kultbild und zur Präsenz Gottes im Bild [wird], wenn es kultisch verehrt wird"* – eine „Präsenz Gottes im Bild" ist aber noch etwas anderes, als wenn das Bild selbst zum Gott wird.[3]

Überhaupt spürt man die Nähe Hilkes zu Günther Anders während der Lektüre des Aufsatzes deutlich. Vor allem im Bereich des sprachlichen Ausdrucks

---

2 vgl. hierzu „Brecht konnte mich nicht riechen" – Interview mit Fritz J. Raddatz (1985). In: Elke Schubert (Hrsg.): *Günther Anders antwortet. Interviews & Erklärungen*. Berlin : Edition TIAMAT, Verlag Klaus Bittermann, 1987, S. 97–113; hier insbesondere S. 101.

3 Christoph Auffarth – „Das angemessene Bild Gottes. Der olympische Zeus, antike Bildkonventionen und die Christologie." In: Natascha Kreutz und Beat Schweizer (Hrsg.): *Tekmeria. Archäologische Zeugnisse in ihrer kulturhistorischen und politischen Dimension. Beiträge für Werner Gauer*. Münster : Scriptorium, 2006, S. 1–23; Zitate auf S. 8 f.

## Vorwort

hat er offenbar viel von Anders (der für seinen herausragenden Sprachstil 1992 den „Sigmund-Freud-Preis" der *Deutschen Akademie für Sprache und Dichtung* verliehen bekam) gelernt. So kann Christoph Auffarth in seinem Gutachten zurecht konstatieren: *„Sprache und Begriffe sind außergewöhnlich präzise verwendet"*.

Arne Hilke schließt seine Überlegungen zum Bilderverbot mit folgenden Worten: *„ Wer in dem System lebt, ist geprägt von der inneren Rationalität des Fetischs. Eine selbstgemachte Statue als Gott anzusehen ist innerhalb des entsprechenden Systems, der entsprechenden Gesellschaft sicherlich ähnlich ‚rational', wie heute das Gewinnmachen rational ist. Von außen wirkt es komisch, von innen nicht. Und mitmachen müssen auch jene, die den Fetischcharakter durchschauen."*

An diese Feststellung schließt sich notwendig die kritische Frage an, wie die Macht des Fetischs zu brechen ist. Ein lebendiger Diskurs kennt eben kein Schlusswort.

Holger Heide, Munkfors (Schweden)

### Über den Herausgeber

Holger Heide (*1939), emeritierter Professor für Wirtschaftswissenschaft an der Universität Bremen. Forschungsfelder: Arbeitssucht, historische Entwicklung der Arbeitsgesellschaft, Herausbildung der Arbeitsgesellschaft in Ostasien. Von 1997–2004 Leiter des *Social Economic Action Research Institute (Institut für sozialökonomische Handlungsforschung – SEARI)*, seitdem Vorsitzender des Nachfolgevereins *Gesellschaft zur Förderung sozialökonomischer Handlungsforschung e.V. (SEARI)*. Für Aufsätze und weitere Informationen siehe `https://bremen.academia.edu/HolgerHeide`.

# Inhaltsverzeichnis

| | | |
|---|---|---|
| **1** | **Einleitung und Vorbemerkungen** | **11** |
| 1.1 | Motivation der Fragestellung | 11 |
| 1.2 | Eingrenzung der Fragestellung und Aufbau der Ausarbeitung | 16 |
| 1.3 | Quellenreflexion und methodisch-stilistische Besonderheiten | 22 |
| **2** | **Der Begriff „Fetisch"** | **29** |
| **3** | **Die Marx'sche Fetischkritik** | **35** |
| 3.1 | Biographische und theoretische Hinführung | 35 |
| 3.2 | Fetischkritik bei Marx | 43 |
| 3.3 | Marx'sche Fetischkritik als Gegenstand der Religionswissenschaft | 53 |
| 3.4 | Abschließende Bemerkungen | 57 |
| **4** | **Das Bilderverbot im Alten Testament** | **61** |
| 4.1 | Auslegung der Stelle Ex 20,4: Das Bilderverbot im Dekalog | 62 |
| 4.2 | Analyse weiterer exemplarischer Bibelstellen | 76 |
| | 4.2.1 Betrachtung der Stelle 2 Kön 22,1–23,30: Das Zerschlagen der Götterstatuen zerschlägt die Götter | 78 |
| | 4.2.2 Betrachtung der Stelle Jes 44,8b–21: Eine Spottrede auf die Bild-Schnitzer | 82 |
| | 4.2.3 Betrachtung der Stelle Gen 1,1–2,4: Tangiert die Gottebenbildlichkeit das Bilderverbot? | 89 |
| 4.3 | Abschließende Deutung des alttestamentlichen Bilderverbots | 93 |

## Inhaltsverzeichnis

| | | |
|---|---|---|
| 5 | Zusammenführung von Fetischkritik und Bilderverbot | 97 |
| 6 | Fazit und Ausblick | 101 |
| | Literaturverzeichnis | 107 |

# 1 Einleitung und Vorbemerkungen

## 1.1 Motivation der Fragestellung

Wird in Texten, die sich mit den Marx'schen Werken beschäftigen, auf die zahlreichen theologischen und religiösen oder religionswissenschaftlichen Begrifflichkeiten, die Marx vor allem im *Kapital* verwendet, eingegangen, so werden diese vielfach als Metaphorik abgetan, es wird von einer „Verwendung im übertragenen Sinne" gesprochen. Bezogen auf den Fetisch-Begriff, um den es in dieser Ausarbeitung gehen soll, finden sich für die Einordnung als Metapher Belege sowohl bei renommierten Wissenschaftlern wie dem Kulturwissenschaftler Hartmut Böhme[1] oder dem Ethnologen Karl-Heinz Kohl[2] als auch in links-politischen Quellen[3]. Es handle sich dabei, so offenbar die Einschätzung der Verfasser, lediglich um einen sprachlichen, um einen literarischen Kniff Marx', um unter Verwendung einer Begrifflichkeit aus einem anderen Themenfeld (s)einen Sachverhalt zu erklären. Eine Bestätigung dieser Einschätzung durch eine ausführliche Untersuchung steht meiner Kenntnis nach aus; einen ersten Schritt in diese Richtung unternimmt das Buch *Bibelzitate, Bibelanspielungen, Bibelparodien, theologische Vergleiche und Analogien bei Marx und Engels* (Buchbinder 1976, es handelt sich hierbei um die 1974 an der Univer-

---

[1] Böhme 2006, S. 310: *„Es geht auch nicht um Widerlegung des Fetischkonzepts von Marx – wie sollte man Metaphern widerlegen?"*
[2] Kohl 2003, S. 92: Marx verwende *„in seinem Hauptwerk"* den Begriff des Fetischs *„nur noch in einem übertragenen Sinne"*. Kohl folgert irrtümlich: *„Als Instrument der Religionskritik interessierte er ihn damals schon nicht mehr."*
[3] z. B. GegenStandpunkt 2008: *„Sehen wir zunächst, was Marx mit der Metapher vom Fetischcharakter der Ware, des Geldes, des Kapitals sowie mit dem Ausdruck ‚Mystifikation des wirklichen Verhältnisses' sagen will [...]"*

# 1 Einleitung und Vorbemerkungen

sität Bonn eingereichte Dissertation Buchbinders).[4] Der Autor benennt in der Einleitung des Werkes die „*Frage: gibt es bei Marx und Engels sachlich bedeutende Texte, in denen Zitate und Anspielungen aus der Bibel oder auch Vergleiche und Analogien, die aus der Theologie stammen, mehr als nur schmückendes Beiwerk sind und bestimmte gewichtige inhaltliche Funktionen ausüben?"* (Buchbinder 1976, S. 17). Im Abschlusskapitel des Buches kommt Buchbinder dann zu dem Ergebnis, *„daß Marx, trotz aller Gegnerschaft gegenüber Religion und Theologie, theologische Vorstellungen sehr bewußt übernahm, um seine philosophischen und nationalökonomischen Ansichten anschaulich zu machen"* (Buchbinder 1976, S. 408).

In dieser Ausarbeitung soll nun exemplarisch der Versuch unternommen werden, für einen dieser Bezüge zu theologischen oder religionswissenschaftlichen Begrifflichkeiten, nämlich zur Verwendung des Fetisch-Begriffs, zu untersuchen, ob diese Verwendung nicht doch eine *sachliche* Begründung hat und mehr darstellt als bloße Metaphorik, ob sie nicht vielmehr das Ergebnis einer gründlichen Analyse ist. Ausformuliert: Es soll betrachtet werden, ob es einen Zusammenhang zwischen dem alttestamentlichen Bilderverbot und der Marx'schen Fetischkritik gibt, und zwar dergestalt, dass in beiden Fällen ein gleiches Denkmuster oder eine vergleichbare Kritikform verwendet wird. Mit Bloch gesprochen:

> Es wäre zu untersuchen, ob es sich bei solch Gleichnishaftem nicht sogar um objektiv-reale Analogien handeln kann.
> (Bloch 1985, S. 35)

Eine erste Anregung zu diesem Gedanken bekam ich durch einige Zeilen des Philosophen Günther Anders, mit dessen Leben und Werk ich mich in den letzten etwa 15 Jahren ausgiebig beschäftigt habe. Günther Anders, aus einer säkularen und assimilierten jüdischen Familie stammend (vgl. u. a. Anders 1982,

---

[4] Die Kernstelle des alttestamentlichen Bilderverbots (Ex 20,4 bzw. Dtn 5,8) wird in jenem Werk jedoch nicht behandelt (vgl. das Bibelstellenverzeichnis in Buchbinder 1976, S. 440).

## 1.1 Motivation der Fragestellung

S. 327, sowie Bahr 2010, S. 27), schreibt in einem Beitrag zum Sammelband *Mein Judentum* (herausgegeben von Hans Jürgen Schultz):

> Etwas hat mich von früh auf ans Judentum gebunden, und zwar ein Gebot aus dem Dekalog: das Verbot der *Götzenherstellung und Götzenanbetung*. Ungeachtet der Tatsache, daß ich als Kind von früh bis spät gemalt hatte und in den zwanziger Jahren sogar vorübergehend Louvreführer gewesen bin, ist das *Bildverbot* für mich pausenlos gültig geblieben. *Wer* mir den mit diesem Verbot verbundenen Horror vor der Vergottung menschgemachter Dinge eingeflößt hat, ist mir unbekannt. [...]
> Aber um zum Bildverbot zurückzukehren: Dieses nahm für mich, den Erwachsenden und Erwachsenen, eine sich immer mehr steigernde Bedeutung ein. Das gilt wohl besonders von dem Zeitpunkt an, da Marx in meinen Gesichtskreis eintrat. Dieser hatte nämlich – davon bin ich auch heute noch überzeugt –, ungeachtet seines Wechsels vom Monotheismus zum Atheismus, den bilderstürmerischen Furor des jüdischen Monotheismus ungeschwächt übernommen.
> (Anders 1979, S. 71 f., Herv. w. dort)

Nun ist das Marx'sche Werk umfangreich, sodass es aufwändig wäre, den gesamten Textkorpus auf einen *„bilderstürmerischen Furor"* hin zu untersuchen. Die Lektüre eines Werkes des studierten Theologen und promovierten Philosophen Christoph Türcke brachte mich dann auf eine Spur, an welcher Stelle eine nähere Betrachtung sinnvoll sein könnte (Türcke greift im folgenden Zitat auch den o. g. Befund auf, dass die Verwendung theologischer und religionswissenschaftlicher Begrifflichkeiten im Marx'schen Werk in der Sekundärliteratur oftmals mit dem Verweis auf eine reine Metapher abgetan wird):

> Das Wort vom *Fetischcharakter* der Ware ist wesentlich mehr als eine belletristische Redensart. Es bedeutet, daß die Aufrechterhaltung der Kapitalzirkulation ein gigantischer Fetischdienst ist, ein gesamtgesellschaftlicher Gottesdienst, der nicht nur sonntags zwischen zehn und elf stattfindet, sondern rund um die Uhr, und auch die zur Teilnahme zwingt, die

seinen Fetischcharakter durchschauen; denn auch die müssen leben. (Türcke 1992, S. 31, Herv. w. dort)

Angeregt von diesen Aussagen habe ich mich bereits vor einigen Jahren auf den Weg gemacht, eine Verbindung von Fetischkritik und Bilderverbot herzustellen. Zur damaligen Zeit war ich ehrenamtlich im *Reformierten Bund* aktiv. Der *Reformierte Bund in Deutschland e.V.*, der seit 1884 existierende Dachverband für derzeit etwa zwei Millionen reformierte Gemeindeglieder in Deutschland, unterhielt viele Jahre lang sogenannte „Konvente": kleine Arbeitsgruppen, nach den vier Himmelsrichtungen benannt und den entsprechenden Regionen Deutschlands zugeordnet. Nachdem drei dieser Konvente ihre Arbeit schnell wieder eingestellt hatten, blieb mit dem *Konvent Nord* eine Arbeitsgruppe übrig, die es sich zur Aufgabe gemacht hatte, gesellschaftspolitische Themen für die Gemeindearbeit aufzubereiten. Nachdem in den Jahren 2001 bis 2004 der Themenkomplex Gentechnik/Bioethik auf der Agenda gestanden hatte, machte sich die Gruppe ab 2004 unter meinem Vorsitz daran, sich mit der Wirtschaftsethik zu befassen. In der 2008 erschienenen und diesen Prozess abschließenden Veröffentlichung *... denn er hatte viele Güter. Arbeitshilfen zur Wirtschaftsethik für Gemeinden, Schulen und Erwachsenenbildung* habe ich in einem kleinen Exkurs („Formkritik des Geldes") innerhalb meines Beitrags „Accra und die Ökonomiekritik" (Hilke 2008) versucht, erste Ansätze einer solchen Verbindung zwischen Bilderverbot und Ökonomiekritik vorzustellen. Diese waren damals noch sehr unausgegoren, sodass ich den dort publizierten Text heute so nicht mehr unterschreiben würde. Trotzdem sind Gedanken aus jenem Text in die vorliegende Ausarbeitung eingeflossen, vornehmlich in Unterabschnitt 4.2.1; da es sich um meine eigenen Gedanken handelt, sind sie jedoch nicht einzeln als indirekte Zitate kenntlich gemacht. Eine ausgeführte wissenschaftliche Auseinandersetzung mit dieser Frage wurde von mir damals nicht geleistet und stand daher noch aus.

Der Titel dieser Ausarbeitung ist ebenfalls ein Zitat. Nachdem ich meinen Vater Manfred Hilke mit dem Gedanken, es könne einen Zusammenhang zwi-

## 1.1 Motivation der Fragestellung

schen dem Fetisch-Begriff bei Marx und dem alttestamentlichen Bilderverbot geben, angesteckt hatte, schrieb dieser 2011 in einem Beitrag zu einer Festschrift für den katholischen Theologen Kuno Füssel einen Text über „Der Ware theologische Mucken" (Hilke 2011). In diesem Text geht der Autor am Schluss auf eine Formulierung von Marx ein, nämlich auf die der *„Religion des Alltagslebens"*[5] (Marx 1972a, S. 838), und schreibt dann dazu:

> Der haben alle anzuhängen, wie immer auch ihre Religion des Sonntags aussehen mag, wollen sie nicht die Macht des stummen Zwangs der Verhältnisse, wie die staatliche Gewalt, nur erfahren indem sie davon wissen, sondern auch am eigenen Leib zu spüren bekommen. Aus der Erfahrung von Macht und Gewalt aber entsteht Religion. Dagegen bleibt nur die Kritik der Religion. Es bleibt das biblische Gebot: **Nicht mache dir Fetische**
> ...
> (Hilke 2011, S. 139, Auslassungspunkte und Herv. w. dort)

Kurz nach dieser zitierten Stelle endet der Aufsatz. Es folgt keine ausführliche Analyse oder Begründung dafür, wieso *„Nicht mache dir Fetische"* als Neuformulierung des biblischen Gebotes *„Nicht mache dir Schnitzgebild"*[6] zulässig ist. Hilke selbst spricht davon, dies scheine *„doch eine willkürliche Übertragung"* (Hilke 2011, S. 139) zu sein.

Nachzuweisen, dass diese Übertragung alles andere als willkürlich, sondern vielmehr inhaltlich berechtigt ist, ist das vorrangige Ziel dieser Ausarbeitung. Gewidmet ist sie dem gerade schon erwähnten katholischen Theologen Kuno Füssel, der in diesem Jahr seinen 75. Geburtstag feiert. Er hat mir als einer meiner wichtigsten Lehrer die Sinne geschärft für eine marxistisch orientierte Bibelexegese ebenso wie für einen messianisch-biblisch orientierten Marxismus. Fünf Jahre nach der o. g. Festschrift zum 70. Geburtstag ist es mir nun eine Ehre, Kuno Füssel erneut eine Veröffentlichung widmen zu können.

---

5 Hilke schreibt in seinem Text fälschlicherweise *„Religion des Alltags"*.
6 Dies ist die Übersetzung von Buber und Rosenzweig (Buber und Rosenzweig 1992a, S. 205); zur Einordnung der verwendeten Bibelübersetzung siehe die Fußnoten auf S. 24 dieser Ausarbeitung.

# 1 Einleitung und Vorbemerkungen

## 1.2 Eingrenzung der Fragestellung und Aufbau der Ausarbeitung

Um einen sinnvollen Rahmen für eine solche Ausarbeitung nicht völlig zu sprengen, wird es nötig sein, sich anbietende Seitenpfade der Fragestellung unbeschritten zu hinterlassen. So wird die Frage nach Jesus Christus als Bild Gottes im Neuen Testament (vgl. hierzu Merklein 1998) ebenso wie alle weiteren möglichen neutestamentlichen Bezüge (wie bspw. Mt 6,24: *„Ihr könnt nicht Gott dienen und dem Mammon"*) nicht behandelt. Ebenso wird im Rahmen dieser Ausarbeitung nicht geklärt werden, ob und aus welchen Gründen die Verwendung des Gottesnamens unter das Bilderverbot fällt. Auch die Wirkungsgeschichte des Bilderverbots im Christentum, namentlich der Bildersturm in der reformierten Reformation Zwinglis und Calvins, wird nicht Thema dieser Ausarbeitung sein. Einen äußerst umfangreichen Fundus an zeitgenössischen Texten der Reformation zu dieser Fragestellung bietet Berns 2013, eine zusammenfassende Darstellung der theologischen Debatte sowie eine historische Analyse des Bildersturms können neben Hinweisen auf weiterführende Literatur bspw. Schnitzler 1996 entnommen werden.

Ebenso werde ich über einige Detailfragen, die von den „Marx-Exegeten" z. T. erbittert diskutiert werden, hinweggehen müssen, da sie im Rahmen dieser Ausarbeitung nicht zu klären sind. Ein Beispiel hierfür wäre die Frage, ob der Wert einer Ware bereits in ihrer konkreten Produktion entsteht, oder ob er erst im Tauschprozess in die Ware „springt". Der Verzicht auf die ausgeführte Diskussion solcher Fragen bedeutet nicht, dass sie als nebensächlich anzusehen sind, vielmehr sind gerade diese Details vielfach die Knackpunkte der Theorie. Ich schließe mich in dem benannten Beispiel jedoch der Auffassung Godeliers an:

> Der »Tauschwert« der Ware ist das Wertverhältnis, das sich mittels des Austauschs dieser Ware gegen andere Waren herstellt. Dieses Verhältnis *schafft* nicht den »Wert« dieser Ware, denn dieser Wert entsteht im

## 1.2 Eingrenzung der Fragestellung und Aufbau der Ausarbeitung

Produktionsprozeß der Ware und nicht im Prozeß ihrer Zirkulation unter Produzenten. Die Zirkulation schafft keinen Wert. Dieser *existiert* bereits, bevor die Waren zirkulieren.
(Godelier 1972, S. 298, Herv. w. dort; ähnlich auch Grigat 2007, S. 46[7])

Unbehandelt wird in dieser Ausarbeitung zudem das „Bilderverbot der Utopie" der Kritischen Theorie bleiben. Zwar läge es nahe, sich diese Thematik anzusehen, da hier von einer an Marx anschließenden Theorieschule der Ausdruck „Bilderverbot" verwendet wird, jedoch würde ein solcher Exkurs den Rahmen der Ausarbeitung deutlich sprengen. Einen Einblick in die Thematik liefert eine Diskussion zwischen Theodor W. Adorno, dem Mitbegründer der Kritischen Theorie, und dem ebenfalls marxistischen Denker Ernst Bloch (vgl. Bloch und Adorno 1978).

Auch auf einen naheliegenden Ausblick auf Freuds Beschäftigung mit dem Bilderverbot in seinen Abhandlungen *Der Mann Mose und die monotheistischen Religionen* (Freud 2000b, s. dort vor allem S. 559 ff.) muss aus Platzgründen verzichtet werden. Die Ausarbeitung fühlt sich hier getragen von der Hoffnung, der Einschätzung Werner H. Schmidts folgen zu können:

> [Freud hebt] die Besonderheit und Bedeutung des Bilderverbots mit Recht hervor, auch wenn er es als „Triumph der Geistigkeit über die Sinnlichkeit" kaum sachgemäß interpretiert.
> (Schmidt 1993, S. 60)

Im Zusammenhang mit Freud wäre es ebenfalls naheliegend, auf „sexuellen Fetischismus" einzugehen, also auf jene Begrifflichkeit, die 1887 vom französischen Psychologen Alfred Binet eingeführt und die von Freud Anfang des 20. Jahrhunderts aufgegriffen und vor allem durch seinen Aufsatz „Fetischismus" populär gemacht wurde (Freud 2000a). Auch auf jenes Themenfeld wird jedoch in der vorliegenden Ausarbeitung verzichtet, da Freud den Fetisch auf einer subjektiven Ebene ansiedelt, während es in dieser Ausarbeitung um gesellschaftliche Zusammenhänge gehen soll:

---

7 Grigat bezeichnet die Diskussion über diese Frage an jener Stelle als *„unsinnig"*

## 1 Einleitung und Vorbemerkungen

> Beide Autoren haben den Fetischismusbegriff aus ähnlichen Quellen bezogen. Marx hat ihn der Lektüre von Charles de Brosses' Abhandlung entnommen, von der wiederum eine direkte Linie über Comte und Binet zu Freud führt. Gleichwohl bewegen sich beide Autoren mit ihren Theorien auf Terrains, wie sie unterschiedlicher kaum sein könnten. Marx' Fetischismusbegriff ist auf der kollektiven [müsste heißen: „gesellschaftlichen"; Anm. A.H.] Ebene, Freuds Fetischismusbegriff aber auf der individuellen Ebene angesiedelt. Der «Warenfetischismus» stellt ein Phänomen dar, das die kapitalistische Gesellschaft aus ihrem eigenen Schoß hervorgebracht hat. Der «sexuelle Fetischismus» ist dagegen eine individuelle Abweichung, der die unzureichende Bewältigung einer traumatischen Situation im frühen Kindesalter zugrunde liegt.
> (Kohl 2003, S. 107)

Ergänzend bzw. präzisierend könnte man anfügen, dass der tatsächliche Unterschied zwischen dem Freud'schen und dem Marx'schen Fetisch-Begriff der ist, dass letzterer nicht im Bereich der Psychologie anzusiedeln ist, auch wenn die in den an Marx anschließenden Theorieschulen gängige Begrifflichkeit des „falschen Bewusstseins" dies vermuten lässt. Auch jenes ist jedoch gesellschaftlicher Natur, nicht psychologischer. Während beim sexuellen Fetisch, dies beobachtet Kohl ja zurecht, eine *„individuelle Abweichung"* des Einzelnen der Grund ist, eine individuelle *psychische* Abweichung, führt die warenproduzierende Gesellschaft, über die Marx im *Kapital* schreibt, *notwendig* zu einem „falschen Bewusstsein" – ganz unabhängig davon, was in den Köpfen der in dieser Gesellschaft lebenden Individuen vorgehen mag. Diese so deutliche Differenz zwischen den Fetisch-Begriffen bei Freud und Marx führt dazu, dass der sexuelle Fetisch hier unbehandelt bleiben wird.

Der Frage, inwieweit es zu alttestamentlichen Zeiten tatsächlich Bilder in Israel gab und an welchen Stellen Israel mit Bildern durch die umliegenden Völker in Kontakt gekommen ist, wird ebenfalls nicht nachgegangen werden. Hierbei handelt es sich mit Sicherheit um ein interessantes und aufschlussreiches Forschungsfeld, welches jedoch in dieser Ausarbeitung aus Platzgründen

## 1.2 Eingrenzung der Fragestellung und Aufbau der Ausarbeitung

und mangels archäologischer Forschungsmöglichkeiten nicht selbst beackert werden kann. Geerntet werden könnten allerdings die Früchte, die Erkenntnisse, die diesbezüglich von Fachleuten in der bisherigen Forschung gewonnen wurden. Auf eine ausführliche Darstellung der bisher vorliegenden Erkenntnisse wird jedoch verzichtet. Silvia Schroer stellt in der Einleitung ihrer Dissertation fest:

> Eindeutig ist, dass Israel dem Alten Testament zufolge seit frühester Zeit und bis ins Exil die Bildkunst seiner näheren und weiter entfernten Nachbarn offenbar aus eigener Anschauung kannte, dass es selbst Bilder hatte und im Verlauf der Zeit auch Kunstwerke fast jeden Genres herzustellen vermochte. [...] Rein profane oder rein ästhetische Kunst, dessen gilt es sich bewusst zu sein, gab es in Israel so wenig wie im übrigen Alten Orient, d.h. Kunst war in ihren Topoi immer religiös [...].
> (Schroer 1987, S. 11)

Dem müsste weiter nachgegangen werden, um genau zu ermitteln, zu welchen Zeiten Israel historisch mit welchen Bildern und Bildformen in Kontakt gekommen sein konnte. Daher wird es im Verlauf dieser Ausarbeitung nicht um Bilder gehen, die im Verlauf der Geschichte Israels tatsächlich existiert haben. Auch im Zusammenhang mit der Marx'schen Fetischkritik wird lediglich an vereinzelten Stellen auf real existierende Beispiele eingegangen. *„Zum Großteil verbleibt die Arbeit allerdings auf der Ebene der begrifflichen Abstraktion und setzt die Darstellung nicht fort bis zum konkreten Besonderen, in dem die abstrakte Allgemeinheit aufzuspüren wäre"* (Grigat 2007, S. 17 f.).[8]

Um die so eingeschränkte und eng definierte Fragestellung zu bearbeiten, folgt die Untersuchung nun dem folgenden Aufbau: In dieser recht ausführlichen Einleitung, in der bisher die Motivation der Fragestellung benannt und in der diese Fragestellung dann eingegrenzt wurde, werden noch eine kurze Quellenreflexion sowie Anmerkungen zu den verwendeten Bibelübersetzungen fol-

---

[8] Grigat charakterisiert mit diesem Satz sein eigenes Vorgehen in seinem Werk *Fetisch und Freiheit*. Die Formulierung ist jedoch so treffend gewählt, dass ich sie mir für die vorliegende Ausarbeitung zu eigen mache.

gen. Dieses ist notwendig, um die Auswahl, die diesbezüglich getroffen wurde, zu begründen. Der Hinweis auf einige methodische Besonderheiten innerhalb der Ausarbeitung schließt die Einleitung ab.

Ihr folgt ein allgemeines Kapitel zum Fetisch-Begriff (Kapitel 2), in dem in knapper Form eine historische Begriffsklärung geleistet wird, um eine von den zwei großen Themenbereichen unabhängige vorläufige Begriffsdefinition zu haben, von der man sich im Verlauf der Ausarbeitung abgrenzen kann.

An diese Begriffsklärung schließen sich zwei Kapitel an, in denen dann die beiden zu vergleichenden Themenfelder betrachtet werden. Den Anfang macht in Kapitel 3 eine ausführliche Analyse der Fetischkritik im Marx'schen *Kapital*. Zur Herleitung wird im Abschnitt 3.1 auf relevante biographische Daten sowie auf Vordenker und deren Einfluss auf Marx eingegangen. Vor allem Ludwig Feuerbach, mit dem sich Marx intensiv auseinandergesetzt hat, wird dabei eine Rolle spielen. Danach folgt im Abschnitt 3.2 die ausgeführte Darstellung der Fetischkritik, die sich an den Primärquellen entlang bewegt. Es wird dabei versucht, den Marx'schen Argumentationsgang in der gebotenen Knappheit so präzise wie möglich zu fassen. Im Folgeabschnitt 3.3 wird geklärt, ob diese Fetischkritik überhaupt sinnvollerweise Gegenstand einer religionswissenschaftlichen Untersuchung – und genau eine solche möchte ich hier anstellen[9] – sein sollte. Abschließende Bemerkungen in Abschnitt 3.4 schließen das Kapitel ab und leiten zur Beschäftigung mit dem alttestamentlichen Bilderverbot über.

An diese Analyse der Marx'schen Fetischkritik schließt sich eine vergleichbare Betrachtung des alttestamentlichen Bilderverbots an. Diese beginnt mit einer Auslegung der entsprechenden Bibelstelle im Dekalog (siehe zur Begriffsklärung S. 62 dieser Ausarbeitung), wie er im Buch Exodus, Kapitel 20, ent-

---

9 Wobei angemerkt werden muss, dass die Beschränkung auf eine einzelne Wissenschaft, auf eine einzelne wissenschaftliche Methode durchaus problematisch ist. Günther Anders schreibt: „Hätte ich mich [...], dem Drängen meiner Lehrer, namentlich Husserls, nachgebend, auf eine partikulare, gleich welche, Wissenschaft spezialisiert, niemals wäre mir nur der kleinste Fund gelungen. Oder immer nur der Kleinste" (Anders 1982, S. 68). Siehe hierzu auch S. 53 f. dieser Ausarbeitung.

## 1.2 Eingrenzung der Fragestellung und Aufbau der Ausarbeitung

halten ist. Hierbei wird keine vollständige Exegese geleistet; die Ausarbeitung beschränkt sich auf eine Auslegung im Sinne einer „themenbezogenen Interpretation" der Texte. Hinweise auf Unterschiede zur Parallelstelle im Buch Deuteronomium schließt dieser Abschnitt, der die Nummer 4.1 trägt, mit ein. Die Auslegung wird sich im Rahmen der vorliegenden Möglichkeiten auf sprachliche Aspekte stützen, es kommen jedoch auch sozialgeschichtliche Aspekte zum Tragen. An diese Auslegung, die mit einem vorläufigen Ergebnis enden wird, schließt sich die Analyse weiterer Bibelstellen an, die für eine Präzisierung und Ergänzung der Auslegung hilfreich sind. Sowohl Passagen aus dem 2. Buch der Könige (Unterabschnitt 4.2.1) als auch eine Spottrede im Buch des Propheten Jesaja (Unterabschnitt 4.2.2) und der erste Schöpfungsbericht aus dem Buch Genesis (Unterabschnitt 4.2.3) wird dieser mit 4.2 nummerierte Abschnitt thematisieren. Die herangezogenen Bibelstellen fungieren dabei als Quelle sowohl für eine nähere Bestimmung des Bild-Verständnisses (2 Kön) als auch zur Erläuterung der Intention hinter dem Bilderverbot (Jes) sowie zur Abgrenzung zu anderen Bildbegriffen, die im Alten Testament vorkommen (Gen).

Eine abschließende Deutung des alttestamentlichen Bilderverbots in Abschnitt 4.3, die die bis zu jenem Zeitpunkt gewonnenen Ergebnisse zusammenträgt, wird auch mögliche Einwände gegen diese Deutung thematisieren.

Nachdem die beiden zunächst so unterschiedlich scheinenden Themen Fetischkritik und Bilderverbot behandelt wurden, versucht sich Kapitel 5 an einer Zusammenführung der Erkenntnisse, um die Fragestellung der Ausarbeitung abschließend zu beantworten. Hierbei wird zu zeigen sein, dass sowohl Marx'sche Fetischkritik als auch alttestamentliches Bilderverbot trotz unterschiedlichster gesellschaftlicher Voraussetzungen eine vergleichbare Denk- bzw. Kritikfigur verwenden, dass es also in beiden Fällen, in beiden Gesellschaftsformen etwas gibt, das identisch (oder sich zumindest ähnlich) ist.

Ein die gesamte Ausarbeitung abschließendes Fazit in Kapitel 6 wird neben einer Zusammenfassung der Ergebnisse auch Anschlussfragen und einen themenbezogenen interdisziplinären Ausblick beinhalten.

# 1 Einleitung und Vorbemerkungen

## 1.3 Quellenreflexion und methodisch-stilistische Besonderheiten

Die vorliegende Abhandlung versucht eine Annäherung von biblischer Bilderkritik und Marx'scher Fetischkritik. Dieses Vorgehen wird auf beiden Seiten eher für Unmut denn für Neugierde sorgen: Besonders auf Seiten marxistischer Denker besteht oftmals eine deutliche Abneigung gegen alles, was auch nur den Schein von Religion besitzt.[10] Umgekehrt sind Marx und marxistische Theorie in der Theologie ungern gesehene Gäste. Die Konsequenz: Theologen befassen sich selten mit Marx, Marxisten sicherlich noch seltener mit Theologie. Kreise und Denkschulen, die sich beiden Bereichen zugehörig fühlen, sind zudem vielfach wissenschaftliche Außenseiter.[11]

Die Werke, in denen gleichsam das alttestamentliche Bilderverbot *und* die Marx'sche Fetischkritik thematisiert werden, sind daher lediglich in überschaubarer Zahl vorzufinden. Nur vereinzelte Quellen wagen den (doch heute eigentlich so geschätzten) „interdisziplinären" Blick. Zu nennen sind hier *Die Macht der Dinge* von Karl-Heinz Kohl sowie *Fetischismus und Kultur* von Hartmut Böhme. Erstgenanntes Werk krankt jedoch an einer unzulänglichen Darstellung der Marx'schen Werttheorie, die der Autor allerdings als Voraussetzung und Begründung für die Fetischkritik anführt, während letztgenanntes Werk an mehreren Stellen der Darstellung der Marx'schen Fetischkritik von der Gesellschaftsanalyse in die Psychologie kippt. Außerdem wird bereits zu Beginn des Böhme-Buches deutlich, dass es für eine adäquate Analyse der Marx'schen Theorie nicht herangezogen werden kann, wenn er davon spricht, dass Moderne und Fetischismus zusammengehören, da fetischistische Mechanismen

---

10 Wobei festgehalten werden muss, dass einige der bekanntesten an Marx anschließenden Denker, wie bspw. Ernst Bloch oder Theodor W. Adorno, immerhin einer Beschäftigung mit Religion offen gegenüberstanden.

11 Exemplarisch zu nennen sind hier die der materialistischen Bibellektüre zuzurechnenden Theologen (bspw. der erwähnte katholische Theologe Kuno Füssel, dem zu Ehren diese Veröffentlichung erscheint) oder die Theologengruppe rund um die exegetische Zeitschrift „Texte & Kontexte" (bspw. der ebenfalls katholische Theologe Ton Veerkamp; siehe hierzu auch S. 27).

## 1.3 Quellenreflexion und methodisch-stilistische Besonderheiten

*„die modernen Gesellschaften integrieren"*. Böhme folgert daraus, dass die Marx'sche Kritik, *„die den Fetischismus als Perversion, falsches Bewusstsein, Warenverblendung, Primitivität oder Aberglauben, kurz: als Sozialpathologie diagnostiziert"*, revidiert werden müsse (Böhme 2006, S. 25). Marx hingegen würde festhalten, dass der Fetisch zwar Gesellschaft synthetisiert, aber eben eine *falsche* Gesellschaft, sodass nicht die diesen Zusammenhang beschreibende Theorie revidiert werden müsste, sondern die Gesellschaftsform. Immerhin liefert Böhme den Hinweis, Marx habe sich durch die Beschäftigung mit Studien zur christlichen und antiken Kunst derart inspirieren lassen, dass *„Bezüge zwischen Fetischismus und christlichem Bilderkult, [...] wie auch zu Idolen aller Art, innerhalb des Marx'schen Denkens herzustellen erlaubt ist"* (Böhme 2006, S. 315). Trotzdem: Eine Darstellung von alttestamentlichem Bilderverbot und Marx'scher Fetischkritik in der Ausrichtung, wie sie für die vorliegende Ausarbeitung nötig wäre, liefert auch Böhme nicht. Es scheint daher sinnvoller zu sein, sich der jeweiligen Fachliteratur separat zuzuwenden, um im Anschluss daran eine eigenständige Zusammenführung von Bilderverbot und Marx'scher Fetischkritik zu leisten. Doch auch innerhalb der beiden genannten Bereiche gestaltet sich die Suche nach geeigneter Literatur stellenweise schwierig. Dies betrifft weniger den Bereich des alttestamentlichen Bilderverbots, in dem mit der 1985 erschienenen Dissertation *Das Bilderverbot* von Christoph Dohmen ein Standardwerk vorliegt, das als Referenzquelle dienen kann. Aus dieser Zuordnung folgt jedoch nicht, dass sich diese Ausarbeitung in eine sklavische Abhängigkeit zur Argumentation und Vorgehensweise Dohmens begibt. Eine eigene Auslegung des Textes, eine eigene Argumentation und Vorgehensweise sind hier nicht nur nicht überflüssig, sondern nötig. Der Fokus wird daher trotz der ausreichenden Quellenlage auf der eigenen Auslegung alttestamentlicher Textstellen liegen.

Für die Übersetzungen der verwendeten Bibelstellen wird dabei nach Möglichkeit auf die 1987–2007 erarbeitete neue Zürcher Bibel zurückgegriffen, die um einen textgemäßen Kompromiss zwischen wörtlicher und verständlicher /

# 1 Einleitung und Vorbemerkungen

lesbarer Übersetzung bemüht ist (Zürcher Bibel 2007).[12] Zur Präzisierung einiger alttestamentlicher Stellen wird die sprachlich ausgefallenere, dabei aber den jüdisch-prosaischen Geist des Urtextes atmende Übersetzung von Martin Buber und Franz Rosenzweig hinzugezogen (Buber und Rosenzweig 1992a sowie Buber und Rosenzweig 1992b).[13] Ebenfalls Verwendung findet die von Rita M. Steurer veröffentlichte Interlinearübersetzung, die auf der *Biblia Hebraica Stuttgartensia 1986* beruht (Steurer 1989). Auf diese Weise wurde der Versuch unternommen, dem hebräischen Text so gerecht zu werden, wie es ohne die Fähigkeit zu einer eigenen Übersetzung nur möglich ist.

Auf der Seite der Marx'schen Fetischkritik hingegen ist die Sekundärliteratur deutlich schwieriger zu überblicken und einzuschätzen. Es fällt leicht, eine stattliche Anzahl heutiger Marx-Exegeten zusammenzutragen. Dieter Wolf, Wolfgang Fritz Haug, Helmut Reichelt, Hans-Georg Backhaus (gemeinsam mit Reichelt einer der Mitbegründer der sog. „Neuen Marx-Lektüre", die vor al-

---

12 „*Wie es der Tradition der auf die Zürcher Reformation zurückgehenden Bibel entspricht, bemüht sich auch die neue Übersetzung um größtmögliche Nähe zu den jeweiligen Sprachen der Ausgangstexte: Die Eigenheiten des Hebräischen und Aramäischen im Alten Testament und des Griechischen im Neuen Testament bleiben erkennbar, und die kulturelle Differenz zwischen der damaligen Welt und der heutigen wird nicht eingeebnet. Das heißt auch, dass Mehrdeutiges nicht vereindeutigt, Fremdes nicht dem bekannten Eigenen angeglichen, Schwieriges nicht banalisiert und Erschreckendes nicht gemildert oder beschönigt wird.*
*Die neue Zürcher Bibel möchte einen möglichst unverstellten Zugang zu den biblischen Texten eröffnen. Es gehört zu ihrer Tradition, dass die Übersetzung so wenig wie möglich interpretiert und in Bezug auf Erläuterungen und Kommentare zurückhaltend ist. Die Auslegung ist Sache derer, die sich mit der Bibel befassen, sei es im kirchlichen Rahmen in Gottesdienst, Bildungsarbeit und Seelsorge, sei es im persönlichen Studium oder in privater Lektüre.*" (Die-Bibel.de – Zürcher)
13 Die Übersetzung von Buber und Rosenzweig ist eine „*[w]örtliche Übersetzung in engster Nähe zum hebräischen Text. Verzicht auf glättende Füllwörter. Extrem »konkordante« Übersetzungsmethode: Für jedes hebräische Wort wird unabhängig vom jeweiligen Sinnzusammenhang eine gleich bleibende deutsche Entsprechung verwendet; darüber hinaus werden wurzelverwandte hebräische Wortgruppen durch wurzelverwandte deutsche Wortgruppen wiedergegeben [...].*
*Die Übersetzung sucht den Charakter des Textes als lebendiges Wort durch die Gliederung in »Atemeinheiten« (im Druck: Sinnzeilen) zum Ausdruck zu bringen. [...]*
*Zielgruppe: Leser, die in der deutschen Übersetzung dem hebräischen Original möglichst nahe kommen wollen und bereit sind, ein hohes Maß an Einfühlung aufzubringen. [...]*
*Gesamturteil: Eine Übersetzung, die nicht nur den Hauch der Originalsprache, sondern auch eine original jüdische Sicht des Alten Testaments vermittelt.*" (Die-Bibel.de – Buber)

## 1.3 Quellenreflexion und methodisch-stilistische Besonderheiten

lem die Wertformtheorie Marx' auszulegen versucht), Michael Heinrich, Michael Berger (der sich durch einige UTB-Einführungen einen Namen gemacht hat), ... – die Liste ließe sich nahezu beliebig fortsetzen. Zusätzlich existieren bereits als Klassiker geltende Sekundärtexte wie der Einführungsband zum *Kapital* von Louis Althusser und Étienne Balibar sowie die Darstellung der Entstehung und Entwicklung der Marx'schen Theorie von Ernest Mandel. All diese Autoren sind ohne Zweifel als Marx-Experten anzusehen – für die vorliegende Ausarbeitung sind die meisten ihrer Texte jedoch unbrauchbar; aus der angeführten Riege findet sich nur Michael Heinrich im Literaturverzeichnis wieder.[14] Dies liegt vor allem daran, dass diese und weitere Denker den unterschiedlichsten Schulen angehören, in denen (mehr oder weniger dogmatisch) eine ganz bestimmte Marx-Lesart vertreten wird. Eine ausführliche Darstellung der Gemeinsamkeiten und Unterschiede dieser Lesarten kann hier nicht im Ansatz geleistet werden, ohne jeglichen Rahmen zu sprengen. Manche dieser Schulen sind sich untereinander zudem spinnefeind, sodass viele Veröffentlichungen so wirken, als wären sie nicht in erster Linie zur *Erläuterung der eigenen*, sondern vielmehr zur *Diskreditierung einer anderen* Lesart verfasst. An manchen Stellen bekommt man zudem den Eindruck, es ginge in diesen Auseinandersetzungen lediglich darum, ob die Angelegenheit in His-Dur oder in his-Moll zu formulieren sei (vgl. zu dieser Wortwahl Anders 1982, S. 230). Zudem gehen viele der Marx-Exegeten auf die Fetischkritik gar nicht ein:

> Die Geschichte der Rezeption der Marxschen Fetischkritik im Marxismus ist über weite Strecken eine Geschichte der Nicht-Rezeption. Es wäre leicht, zahlose Texte der Marxinterpretation aufzuzählen und ihre Argumentation darzustellen, in denen die Fetischkritik komplett ignoriert, oder aber als philosophisches Beiwerk zu den ökonomischen Ausführungen verniedlicht wird.
> (Grigat 2007, S. 20)

---

[14] Daher verzichte ich an dieser Stelle auch auf Quellenangaben zu den Werken der genannten Personen. Bei Interesse lässt sich die einschlägige Literatur problemlos durch die Suche nach den Personennamen finden.

# 1 Einleitung und Vorbemerkungen

In der gerade zitierten Schrift von Grigat hingegen wird die Fetischkritik ausführlich und sehr differenziert behandelt, sodass jenes Werk als Quelle gut verwendet werden kann. Sie ersetzt jedoch aufgrund einer anderen Zielsetzung nicht die eigene Analyse, sondern kann diese lediglich begleiten. Für meine eigene Darstellung der Marx'schen Fetischkritik werden die „blauen Bände", also die Originaltexte der *Marx-Engels-Werke*, als hauptsächliche Quelle fungieren. Angesichts der Tatsache, dass Primärquellen der Sekundärliteratur stets vorzuziehen sind, ist dies jedoch kein bedauerlicher Zustand. Es soll hieraus auch nicht gefolgert werden, dass der Autor generell die Auseinandersetzung mit Sekundärliteratur scheut.

An dieser Stelle kann auch gleich die erste stilistische Besonderheit erwähnt werden: Bei Zitaten aus den genannten *Marx-Engels-Werken* ist es gemeinhin üblich, als Quellenangabe lediglich ein Kürzel zu verwenden (bspw. „MEW 23" für den ersten Band des *Kapitals*). In der vorliegenden Ausarbeitung wird von dieser Vorgehensweise abgewichen; auch diese Quellen werden, wie fast alle anderen Quellen auch[15], mit Autorennamen und Jahreszahl (Veröffentlichungsjahr der vorliegenden Ausgabe) angegeben.

Innerhalb von Zitaten wird versucht, stets die Art der Anführungszeichen aus der jeweiligen Quelle wiederzugeben, was zu einer Uneinheitlichkeit in diesem Punkt führt: Es befinden sich nun sowohl deutsche Anführungszeichen („") als auch Guillemets («») und Chevrons (»«) innerhalb der Ausarbeitung.

Wird hebräischer Text in hebräischer Schrift wiedergegeben, wird auf die Vokalisierungszeichen verzichtet. Jene waren erst sehr spät (Ende des ersten Jahrtausends n. Chr.) von einer Gruppe jüdischer Schriftgelehrter, den Masoreten, zum bereits seit Jahrhunderten kanonisierten Konsonantentext hinzugefügt worden. Für die hier vorliegende Betrachtung sind die Vokale unerheblich, zudem ist die Vokalisierung strittig, da zum Zeitpunkt ihrer Durchführung bereits

---

[15] Eine Ausnahme bilden hier lediglich die mit den Bibelübersetzungen in Zusammenhang stehenden Onlinequellen sowie die Vulgata, die Zürcher Bibel und die auf Seite 11 erwähnte marxistische Gruppe GegenStandpunkt.

## 1.3 Quellenreflexion und methodisch-stilistische Besonderheiten

hunderte von Jahren vergangen waren und nicht sicher ist, dass nicht inzwischen Vokalverschiebungen stattgefunden hatten. Werden im Verlauf der Ausarbeitung hebräische Wörter in lateinische Schrift transkribiert, so geschieht dies jedoch trotzdem unter Angabe der Vokale. Außerdem werden sowohl einzelne hebräische Wörter als auch aus mehreren Wörtern bzw. Phrasen bestehende hebräische Zitate in hebräischer Lesart, also von rechts nach links notiert.

Eine weitere Besonderheit betrifft den Gottesnamen. An den Stellen, an denen im hebräischen Urtext der Gottesname in Form des Tetragrammes JHWH steht, übersetzen deutsche Bibelausgaben oftmals mit HERR (vgl. Zürcher Bibel 2007, jedoch auch andere geläufige Übersetzungen einschließlich der Luther-Übersetzung, die diese Schreibweise populär gemacht hat). Die Übersetzung von Buber und Rosenzweig hingegen verwendet betonte Pronomen wie ER und DU, die *„unüberhörbar das eindeutig Männliche"* transportieren (Veerkamp 2012, S. 31). Es sollte also eine andere Möglichkeit gefunden werden:

> Wir werden die Bezeichnung des Gottes Israels durch die großgeschriebene Vokabel NAME wiedergeben. Wir übernehmen die jüdische Praxis, den Gottesnamen JHWH (Jahweh) nicht auszusprechen. Stattdessen sprechen die Juden die vier Buchstaben JHWH als *Adonaj* (mein Herr) aus. Die christlichen Übersetzungen haben deswegen »der Herr«, in der Nachfolge der ersten griechischen Übersetzungen des TeNaK. Diese Praxis verstößt eindeutig gegen das Verbot, den Gott Israels in irgendeiner Weise bildlich darzustellen; jede Gottesvorstellung ist daher unzulässig. Die Vokabel »Herr« produziert unweigerlich die Vorstellung eines männlichen, herrschaftlichen und durchweg tyrannischen Oberwesens. Wir übernehmen daher den Gottesnamen mit der Vokabel »NAME« [...]. [Hiermit folgen wir] der Praxis im Judentum. In den Synagogen wurde bei den Lesungen der »IHWH« als *Adonaj* (mein Herr), beim Studium als *Ha Schem* (Der NAME) ausgesprochen. Unter der Vokabel »NAME« können wir uns *nichts* vorstellen, und gerade dieses *Nichts* ist erwünscht.
> (Veerkamp 2012, S. 31, Herv. wie dort)

## 1 Einleitung und Vorbemerkungen

Im Unterschied zum Vorschlag von Veerkamp werden in der vorliegenden Ausarbeitung anstelle der Versalien jedoch Kapitälchen verwendet, sodass im Folgenden NAME zu lesen sein wird, wenn das Tetragramm gemeint ist. Dass die von Veerkamp hier angeführte These, das Aussprechen des Tetragramms verstoße gegen das Bilderverbot, im Rahmen dieser Ausarbeitung nicht behandelt werden wird, konnte bereits Unterkapitel 1.2 entnommen werden.

An diese Formulierung anschließend kann die letzte stilistische Besonderheit benannt werden: Für die oberste Hierarchieebene des Textes (1, 2, 3, 4, ...) wird die Bezeichnung „Kapitel" verwendet. Die nächsttiefere Ebene (1.1, 1.2, 1.3, ...) wird als Unterkapitel oder als Abschnitt bezeichnet, während die niedrigste vorkommende Ebene (4.2.1, 4.2.2, ...) stets Unterabschnitt genannt wird.

## 2 Der Begriff „Fetisch"

Der Fetisch-Begriff, den Marx u. a. im *Kapital* aufgreift, stammt aus ethnologischen und religionswissenschaftlichen Theorien. Er hatte bereits vor Marx eine Geschichte, war bereits eine historisch gewachsene Begrifflichkeit (vgl. hierzu bspw. Antenhofer 2011 sowie Grigat 2007, S. 25–32). Der Begriff „Fetisch" wurde zunächst geprägt von portugiesischen Seefahrern und Händlern. Als diese im späten 15. und vor allem im 16. und 17. Jahrhundert an der Seite weiterer europäischer Kolonialisten den westafrikanischen Raum einnahmen, versuchten sie, mit dieser Begrifflichkeit ihnen fremde Kultgegenstände zu beschreiben, die sie bei den dortigen „Eingeborenen" vorfanden (vgl. u. a. Grigat 2007, S. 25 f., sowie Guzy 2005, S. 373 ff.).

Das Wort bedeutet soviel wie „magisches Amulett" und bezog sich auf Gegenstände wie Steine oder selbstgemachte Figuren, denen die Afrikaner magische Kräfte zuschrieben.

> [Es handelt sich um einen] Kult, der vielleicht nicht weniger alt ist [als der Kult der Sterne], nämlich der Kult irdischer und materieller Gegenstände, genannt *Fetische*, bei den afrikanischen Negern, den ich aus diesem Grunde *Fetischismus* nennen werde. [... Die Fetische stellen] mit einer göttlichen Kraft ausgestattete Dinge dar[...], Orakel, Amulette, schützende Talismane [...].
> (de Brosses 1972, S. 189, Herv. w. dort; der zitierte Sammelband von Pontalis enthält die hier verwendete Übersetzung, deren Herkunft jedoch unklar bleibt)

Durch das Buch *Du culte des dieux fétiches, ou parallèle de l'ancienne religion de l'Egypte avec la religion actuelle de Nigritie* von Charles de Brosses aus dem

## 2 Der Begriff „Fetisch"

Jahre 1760 wurde der Begriff Fetisch zu einem der zentralen Begrifflichkeiten der europäischen Kulturtheorie des späten 18. bis 20. Jahrhunderts. Auch Karl Marx kannte das Buch von de Brosses (vgl. Grigat 2007, S. 33; laut Grigat kann de Brosses „*als eigentlicher Stichwortgeber*" angesehen werden). De Brosses führte das Wort sprachlich zurück auf das portugiesische Wort Fetisso.[16] Er schreibt:

> [Fetisch ist] ein Ausdruck, den unsere Handelsleute aus dem Senegal nach dem portugiesischen Wort *Fetisso* geprägt haben, d. h. *verzaubertes, göttliches Ding* oder *Orakel verkündendes Ding*, aus der lateinischen Wurzel *Fatum, Fanum, Fari*.
> (de Brosses 1972, S. 189, Herv. w. dort)

Hier liegt der Akzent auf der Verzauberung, der Vergöttlichung. Es ist jedoch auch eine andere Ableitung möglich. Nach William Pietz ist die etymologische Wurzel das lateinische Adjektiv *facticius*, eine Ableitung vom Verb *facere*, „machen, anfertigen".[17] Die Fetische sind selbst*gemachte* Dinge, selbstgemachte *göttliche* Dinge. Dass solche Dinge in der Vorstellung der Afrikaner von Menschenhand herstellbar waren, war für die Portugiesen nicht vorstellbar.

> Nicht die Tatsache der Gemachtheit des Fetischs erschreckte sie, sondern der von den Afrikanern tolerierte augenscheinliche Widerspruch, dass der Fetisch als von Menschen gemacht erkannt und dennoch als göttlich verehrt wurde. Das Eigenartige am Fetisch sei, dass er es schaffe, zugleich geschaffen zu sein und nichtgeschaffen.
> (Antenhofer 2011, S. 20)

---

[16] Laut Grigat geht „Fetisch" zurück auf das Wort *feitico*, ebenfalls aus dem Portugiesischen, was „Zauber" bedeutet (vgl. Grigat 2007, S. 25; so auch Goldammer im *RGG*³-Artikel zum Lemma „Fetischismus", Goldammer 1958, S. 924). Diese etymologische Feinheit ändert jedoch nichts an der folgenden Analyse.

[17] Dieses Verb kommt in der lateinischen Übersetzung der Bibel, der Vulgata, die seit dem 9. Jahrhundert die maßgebliche Bibel war, im alttestamentlichen Bilderverbot vor. Es heißt dort (Ex 20, 4): „*non facies tibi sculptile*" (Vulgata 1969, S. 104, Herv. v. mir). Hieraus ist direkt nichts zu folgern, handelt es sich doch um ein geläufiges Verb. Trotzdem macht die Beobachtung im Zusammenhang dieser Ausarbeitung neugierig.

Antenhofer reformuliert hier eine These von Bruno Latour. Dieser Widerspruch ist für uns augenscheinlich. Er war dies sicher auch für die Portugiesen, aber war er es auch für die Afrikaner, die sich „augenscheinlich" problemlos in ihm bewegten? Die christliche Lehre der Idolatrie unterschied ganz klar zwischen dem Idol, dem religiösen Bild, dem Ding auf der einen Seite und dem Geist, der dadurch beschworen wird, auf der anderen Seite. Grigat erläutert:

> Während in der christlichen Ideolatrie das Idol in seiner materiellen Erscheinung einerseits und der Geist, der durch das materiell vorhandene Idol beschworen wird, andererseits klar geschieden sind, wird im Fetisch-Begriff [...] von der völlig illusionären Personifizierung und Verlebendigung des materiellen Gegenstandes ausgegangen. Die Wirksamkeit des Gegenstandes ist nicht über den Umweg des Materiellen vom Geist bestimmt, sondern seine Fähigkeiten resultieren scheinbar direkt aus seiner physischen Beschaffenheit.
> (Grigat 2007, S. 26 f.)

Im Fetisch-Begriff kommen also der Aspekt des Göttlichen und der des Selbstgemachten zusammen. Dies veranlasste vermutlich Marx dazu, vom Fetisch und nicht von Gott zu sprechen: Gott ist nach Feuerbach *gedacht*, der Fetisch ist *gemacht* (vgl. hierzu ausführlich Unterkapitel 3.2 dieser Ausarbeitung).

Die Entwicklung des Fetischkonzeptes seit de Brosses nachzuzeichnen würde hier zu weit führen. Erwähnt sei aber, dass Fetisch und Fetischismus lange Zeit als Stufe in einem evolutionistischen Modell von Religion angesehen wurden – und zwar als die niedrigste.

> *Fetischismus* wird als primitivste Stufe der Religion noch unterhalb des Polytheismus angesetzt, da er auf der materiellsten Ebene, nämlich jener der Verehrung von (nichtanimierten) Dingen angesiedelt sei. [...] Hierin spiegelt sich die Einordnung Afrikas als chaotische, gesetzlose, anarchische Gesellschaft außerhalb der Zivilisation. Der derart gezeichnete »Wilde« wird mit dem Primitiven gleichgesetzt [...].
> (Antenhofer 2011, S. 11 f., Herv. w. dort)

## 2 Der Begriff „Fetisch"

Nach heutigem religionswissenschaftlichen Forschungsstand sind derartige Zuordnungen „*Konstrukte mißverstandener fremder kultureller Symbolsysteme*" (Guzy 2005, S. 374).

Die heutige Ethnologie und die Religionswissenschaft stehen der Begrifflichkeit daher kritisch gegenüber. Bereits Ende der 1950er Jahre schrieb Goldammer in seinem Artikel zum Lemma „Fetischismus" im religionswissenschaftlichen Handwörterbuch *RGG*³:

> Das Wort [Fetischismus] ist heute weder Bezeichnung einer Urreligion noch Name eines bestimmten Religionsstadiums, sondern nur phänomenologisch zulässig.
> (Goldammer 1958, S. 925)

Die wissenschaftliche Beschäftigung mit dem Themenkomplex Fetisch / Fetischismus ging trotzdem weiter. In den 1980er Jahren arbeitete Pietz heraus, dass Fetische gar nicht mit den religiösen Objekten übereinstimmen, die *„in der afrikanischen Kultur verehrt wurden, bevor diese in Kontakt mit den europäischen Seefahrern geriet: Die ersten Berichte über die afrikanischen Fetische stammten von Afrikanern, die bereits ihrer ursprünglichen Kultur ‚entfremdet' waren"* (Antenhofer 2011, S. 10). Dazu kam die Kritik von Marcel Mauss, bei der Vorstellung, der Fetischismus sei völlig irrational[18], da er das „erstbeste" Objekt verehre, und sei nur ein *„Spiegel der chaotischen, irrationalen Ordnung der afrikanischen Gesellschaft"*, handele es sich um ein *„immenses Missverständnis"* (Antenhofer 2011, S. 12) dieser Gesellschaft. In der folgenden Zeit wurde es still um den Fetisch. Es waren dann in Deutschland u. a. Kohl und Böhme, die den Fetisch in die Wissenschaft zurückholten. Christina Antenhofer gab im Jahre 2011 den Aufsatzband *Fetisch als heuristische Kategorie* heraus in der Absicht, zur interdisziplinären Diskussion anzuregen und

---

18 Dies formulierte schon de Brosses: „*Der Fetischismus gehört zu jenen so absurden Dingen, von denen sich sagen lässt, daß ihnen nicht einmal durch das Argument, das sie bekämpfen möchte, beizukommen ist. Um wieviel schwieriger wäre es, plausible Gründe für eine so unsinnige Lehre anzuführen*" (de Brosses 1972, S. 190).

mit der Vermutung, dass die Anwendung des Begriffs als heuristische Kategorie „*einen Erkenntnisgewinn sowohl in Bezug auf den Begriff als auch auf das Selbstverständnis der jeweiligen Disziplin ermöglicht*" (Antenhofer 2011, S. 24). Zu welchen Ergebnissen es dann wirklich kommen wird, hängt wohl auch davon ab, wie der Begriff jeweils gefasst wird.

Zu schauen ist also nun im Folgekapitel, wie Marx diese Begrifflichkeit fasst.

# 3 Die Marx'sche Fetischkritik

Denker denken nicht im luftleeren Raum, sondern sie denken und arbeiten in einem wissenschaftlichen und sozialen Kontext, den es bei der Analyse und Interpretation ihrer Werke zu berücksichtigen gilt. Eine ausführliche Biographie Marx' sowie eine elaborierte Darstellung des gesellschaftlichen Weltzustandes und der Forschungslage, innerhalb derer er denkt und schreibt, kann an dieser Stelle aus Platzgründen nicht geleistet werden. Einige Aspekte hierzu, die wichtig für die Bearbeitung der Fragestellung dieser Ausarbeitung sind, sollen jedoch im folgenden Unterkapitel angesprochen werden.

## 3.1 Biographische und theoretische Hinführung

Im Jahre 1835 machte Marx (1818–1883) in Trier sein Abitur und begann dann in Bonn ein Studium der Rechtswissenschaft, hörte jedoch auch Vorlesungen über Kunstgeschichte und klassische Mythologie (vgl. Rubel 1968, S. 7 f., vgl. zum Folgenden auch Heinrich 1991). Nach einem Jahr ging er nach Berlin, um dort sein Studium fortzusetzen, wandte sich dort aber mehr und mehr der Philosophie zu und fand Zugang zu den Junghegelianern, dem „Doktorclub".

> *Was vernüftig ist, das ist wirklich;*
> *und was wirklich ist, das ist vernünftig.*
>
> In dieser Überzeugung steht jedes unbefangene Bewußtsein, wie die Philosophie, und hiervon geht diese ebenso in Betrachtung des geistigen Universums aus als des *natürlichen*. Wenn die Reflexion, das Gefühl oder welche Gestalt das subjektive Bewußtsein habe, die *Gegenwart* für ein *Eitles* ansieht, über sie hinaus ist und es besser weiß, so befindet sie sich

## 3 Die Marx'sche Fetischkritik

im Eitlen [...].
(Hegel 1972, S. 11, Herv. w. dort)

So schrieb Hegel in der Vorrede zur Rechtsphilosophie. Die Althegelianer sahen die Wirklichkeit der Vernunft im preußischen Staat, für die *„sich im Eitlen"* befindenden Junghegelianer war das Bestehende nicht zu verteidigen, sondern zu kritisieren, die Philosophie erst noch zu verwirklichen, wozu sie zuallererst selbst kritisch zu werden hatte. *„Allein die* Praxis *der Philosophie ist selbst* theoretisch. *Es ist die* Kritik, *die die einzelne Existenz am Wesen, die besondere Wirklichkeit an der Idee mißt"*, so Marx 1841 in den Anmerkungen zu seiner Dissertation (Marx 1990a, S. 327 f., Herv. w. dort).

Marx ging dann nach Köln und wurde Mitarbeiter der „Rheinischen Zeitung für Politik, Handel und Gewerbe", deren Redaktion er im Oktober 1842 übernahm (vgl. auch Rubel 1968, S. 14). Durch seine Tätigkeit für die Zeitung kam Marx nicht umhin, sich mit den materiellen Lebensverhältnissen der armen Bevölkerung und so mit ökonomischen Fragen auseinanderzusetzen. Es waren insbesondere die Debatten über das Holzdiebstahlgesetz des 6. Rheinischen Landtags, über die er mehrere Artikel schrieb, die ihn zu dieser Auseinandersetzung veranlassten, und es ist nicht uninteressant, dass schon hier der Begriff auftaucht, um den es hier im Zusammenhang mit Marx geht. Die letzten Sätze lauten:

> Die *Wilden von Kuba* hielten das Gold für den Fetisch der Spanier. Sie feierten ein Fest und sangen um ihn und warfen es dann ins Meer. Die Wilden von Kuba, wenn sie der Sitzung der rheinischen Landstände beigewohnt, würden sie nicht das *Holz* für den *Fetisch der Rheinländer* gehalten haben? Aber eine folgende Sitzung hätte sie belehrt, daß man mit dem Fetischismus den Tierdienst verbindet, und die Wilden von Kuba hätten die *Hasen* ins Meer geworfen, um die Menschen zu retten.
> (Marx 1972b, S. 147, Herv. w. dort)

Es geht nun um die spezifische Verwendung des Fetisch-Begriffs im *Kapital*. Um mich dem anzunähern, wende ich mich zunächst Feuerbach zu, von

## 3.1 Biographische und theoretische Hinführung

dem Marx stark beeinflusst wurde. Auch wenn er ihn später kritsierte und über ihn hinausging (die Religionskritik wurde zur Gesellschaftskritik), so hat Marx doch von Feuerbach eine Kritikfigur übernommen, die sich im Fetisch-Kapitel des *Kapitals* wiederfindet und die, wie zu zeigen sein wird, mit der Kritikfigur des Propheten Jesaja vergleichbar ist. Um diese Kritikfigur Feuerbachs nachzuzeichnen, nehme ich einige Sätze heraus aus seiner ausgeführten Religionskritik, aus den mit Wiederholungen und der Aufzählung von immer noch mehr Beispielen gefüllten Heidelberger Vorlesungen über des „Wesen der Religion"[19]. Es geht dabei an dieser Stelle nicht um die Stichhaltigkeit der Argumente Feuerbachs, sondern um die Verdeutlichung der Kritikfigur.

> Die Gottheit ist ursprünglich und wesentlich kein »Vernunftgegenstand«, wozu sie die Unvernunft oder meinetwegen auch Vernunft der späteren Nachwelt gemacht, kein Gegenstand oder Erzeugnis der Spekulation, der Philosophie; denn die Götter waren, als es noch keine Philosophen gab, und sie sind auch da, wo es nie einem Menschen einfällt, über die Ursachen der Welt, ihre Entstehung aus Feuer oder Wasser oder gar aus Nichts zu faseln. Die Gottheit ist wesentlich ein Gegenstand des Verlangens, des Wunsches; sie ist ein Vorgestelltes, Gedachtes, Geglaubtes, nur weil sie ein Verlangtes, Ersehntes, Erwünschtes ist.
> (Feuerbach 1967b, S. 164)

Die Götter sind, weil sie gedacht werden, und der Wunsch ist der Vater des Gedankens. Sie entstehen und befinden sich also für Feuerbach im Kopf der Menschen (und nur dort), werden aber gedacht als außerhalb des Kopfes befindlich. Woher aber kommen die Wünsche?

> Der Wunsch ist der Ausdruck eines Mangels, einer Schranke, eines Nicht, sei es nun eines Nicht-Seins oder Nicht-Habens oder Nicht-Könnens, aber, obwohl als Ausdruck eines unfreiwilligen Mangels Ausdruck eines

---

19 Die Vorlesungen wurden 1848–49 gehalten im Rathaussaal zu Heidelberg. Zuhörer waren unter anderem der schweizer Dichter Gottfried Keller („Der grüne Heinrich") und der niederländische Philosoph (Materialist) Jacob Moleschott. Feuerbach stellt in ihnen seine bereits 1841 in seinem Hauptwerk *Das Wesen des Christentums* ausgeführte Religionskritik dar.

## 3 Die Marx'sche Fetischkritik

> Leidens, doch selbst kein geduldiger, leidender, sondern ein sich dagegen wehrender, revolutionärer Ausdruck; denn er ist ja der ausdrückliche Wunsch, daß dieser Mangel, diese Schranke, dieses Nicht nicht sei. Der Wunsch ist ein Sklave der Not, aber ein Sklave mit dem Willen der Freiheit, ein Sohn der Armut, der Penia, aber *der* Armut, welche die Mutter der Begierde, der Liebe, nicht nur der geschlechtlichen, sondern auch der sächlichen oder dinglichen Liebe ist, ein Gelüste, das nicht erst der moderne »Kommunismus und Atheismus«, wie sich die Selbstsucht der Besitzenden weismacht, dem Pauperismus[20] eingeimpft, sondern von der Sprache der »heiligen« Schrift sogar als eins mit der Armut gedacht und bezeichnet wird. Wollen, begehren (haben wollen), wünschen heißt ein Armer, Dürftiger, d.h. Begehrlicher, Verlangender, weil, wie Rabbi Salomo zu diesem Wort sagt, wer nichts hat, immer gern etwas haben will. (Feuerbach 1967b, S. 170, Herv. w. dort)

Dies soll bedeuten: Der Mensch befindet sich in einer unguten Situation, möchte darin aber nicht verbleiben. Selbst kann er nichts verändern; gegen die Natur oder sonstige Mächte vermag er nichts auszurichten, also muss Gott für ihn einstehen. Dies wird Gott tun oder auch nicht, auf jeden Fall *könnte* er es.[21] *„Der Mensch verehrt als Gott allerdings nur das, was »über ihm« ist"* (Feuerbach 1967b, S. 195).

Und so kann Gott nicht nur die Angelegenheiten der Menschen zum Guten regeln, er kann ihnen auch vorschreiben, was sie zu tun und zu lassen haben – und er kann sie bestrafen, wenn sie sich nicht daran halten. Es gehört für Feuerbach zum *„Zeitalter der religiösen Barberei"*, dass die Menschen – er spricht

---

20 Zeitgenössische Begrifflichkeit des Frühindustrialismus (etwa 19. Jahrhundert). Man bezeichnete hiermit langfristig anhaltende, jedoch nicht individuell, sondern strukturell bedingte Armutszustände großer Bevölkerungsteile.

21 Ist die eine Seite von Religion das Aushaltbarmachen schlimmer Zustände, so benennt Feuerbach im angeführten Zitat ganz klar die andere, die widerständige Seite, was Marx dann so formulieren wird: „*Das* religiöse *Elend ist in einem der Ausdruck des wirklichen Elendes und in einem die* Protestation *gegen das wirkliche Elend. Die Religion ist der Seufzer der bedrängten Kreatur, das Gemüt einer herzlosen Welt, wie sie der Geist geistloser Zustände ist. Sie ist das* Opium *des Volks"* (Marx 1972c, S. 378, Herv. w. dort).

## 3.1 Biographische und theoretische Hinführung

hier bereits von den Israeliten, nicht von „archaischen" Religionen – die *„Gebote der Moral und Menschenliebe, um sie auszuüben, als Gebote eines Gottes denken mußten, der sie für das Halten derselben belohnt, für das Nichthalten derselben bestraft"* (Feuerbach 1967a, S. 126).

Zusammenfassend lässt sich sagen: Gott wird im Kopf des Menschen gedacht als außerhalb des Kopfes. Nicht der denkende Mensch ist Gott, Gott ist ein Anderer, Fremder. Er kann dem Menschen Vorschriften machen und in sein Leben eingreifen. Er tritt ihm also, obwohl er von ihm selbst ausgedacht wurde, als „fremde Macht" entgegen.

Zu diesem Ergebnis kommt auch Michael Heinrich: *„Feuerbach faßte im* Wesen des Christentums *Gott als das zu einem fremden Wesen verselbständigte Wesen des Menschen auf, das dann den Menschen beherrscht"* (Heinrich 1991, S. 99). Und er fügt hinzu, es sei der gemeinsame Grundgedanke der Feuerbachschen Analyse der Religion und der Marx'schen Analyse der Gesellschaft, dass der Mensch von seinem eigenen Produkt, sei es ein gedankliches (wie in der Religion) oder ein produziertes (wie im Kapitalismus), beherrscht wird.

Ein eigenes Gedankenprodukt tritt dem Menschen als fremde Macht entgegen, dies also ist die Kritikfigur Feuerbachs, die Marx durch die Lektüre des 1841 erschienenen Werkes *Das Wesen des Christentums* kannte.

1843 wurde die „Rheinische Zeitung" verboten, Marx ging nach Paris (vgl. hierzu und zu den folgenden geschichtlichen Daten Rubel 1968, S. 16 ff.). Dort gab er zusammen mit Arnold Ruge die *Deutsch-Französischen Jahrbücher* heraus, von denen aber nur ein Band 1844 erschien. Ein Artikel darin war der Text „Umrisse zu einer Kritik der Nationalökonomie" von Friedrich Engels. Dadurch wurde Marx veranlasst, sich intensiver mit Ökonomie zu beschäftigen. Engels stellte fest, dass über die Ökonomie ein hartes Urteil zu fällen sei und zwar um so härter,

> je mehr die Ökonomen, die wir zu beurteilen haben, in unsere Zeit hineinfallen. Denn während Smith und Malthus nur einzelne Bruchstücke fertig vorfanden, hatten die Neueren das ganze System vollendet vor sich; die

> Konsequenzen waren alle gezogen, die Widersprüche traten deutlich genug ans Licht, und doch kamen sie nicht zu einer Prüfung der Prämissen, und doch nahmen sie immer die Verantwortlichkeit für das ganze System auf sich.
> (Engels 1972b, S. 501)

Einer dieser Widersprüche betrifft die Stellung der Arbeiter. Marx schrieb dazu in den *Ökonomisch-philosophischen Manuskripten* von 1844:

> Stellen wir uns nun ganz auf den Standpunkt des Nationalökonomen, und vergleichen wir nach ihm die theoretischen und praktischen Ansprüche der Arbeiter. Er sagt uns, daß ursprünglich und dem Begriff nach das *ganze Produkt* dem Arbeiter gehört. Aber er sagt uns zugleich, daß in der Wirklichkeit dem Arbeiter der kleinste und allerunumgänglichste Teil des Produkts zukömmt; nur soviel als nötig ist, nicht damit er als Mensch, sondern damit er als Arbeiter existiert, nicht damit er die Menschheit, sondern damit er die Sklavenklasse der Arbeiter fortpflanzt.
> (Marx 1990b, S. 475, Herv. w. dort)

Und so kommt es, dass, wie Engels feststellte, *„die Leute vor lauter Überfluß verhungern"* (Engels 1972b, S. 516). Dass es so kommt, hat seine Ursache darin, dass die Menschen auf eine *„unbewußte, gedankenlose, der Herrschaft des Zufalls überlassene Art"* produzieren (Engels 1972b, S. 515) und so beherrscht werden von einem *„Naturgesetz"*, einem durch dieses besondere Produktionsverhältnis hervorgerufenen, einem nicht natürlichen, sondern gesellschaftlichen Naturgesetz, *„das auf der Bewußtlosigkeit der Beteiligten beruht"* (Engels 1972b, S. 515). Ein Naturgesetz, eine fremde Macht, die aber, anders als bei Feuerbach, nicht etwas Gedachtes ist.

1845 erschien von Engels *Die Lage der arbeitenden Klasse in England*, worin er Not und Elend der Arbeiter detailliert beschrieb. Er sah dies nicht als einen für sich zu betrachtenden Teilaspekt, sondern hielt fest, dass *„die Bewegung der bürgerlichen Gesellschaft überhaupt"* (Engels 1972a, S. 239) zu der beschriebenen Situation geführt hatte. Die Gesellschaft als Ganze bestimmt die

## 3.1 Biographische und theoretische Hinführung

Teile noch bis in die Einzelheiten, bis in die Verwendung der Begriffe in der Ökonomie als Wissenschaft. In einer Kritik an dem Ökonomen Friedrich List schreibt Marx:

> Es ist eines der größten Mißverständnisse, von freier menschlicher, gesellschaftlicher Arbeit, von Arbeit ohne Privateigentum zu sprechen. Die ‚*Arbeit*' ist ihrem Wesen nach die unfreie, unmenschliche, ungesellschaftliche, vom Privateigentum bedingte und das Privateigentum schaffende Tätigkeit.
> (zit. n. Heinrich 1991, S. 116, Herv. w. dort)

Von der Arbeit in der vom Privateigentum bestimmten Gesellschaft ist dort die Rede. Oder genauer, mit der Formulierung aus dem *Kapital*: von der durch die Warenproduktion als einem Komplex „*voneinander unabhängig betriebener Privatarbeiten*" (Marx 1970, S. 87) bestimmten Gesellschaft. Um zu dieser genaueren Bestimmung zu kommen, war es allerdings nötig, sich noch gründlicher mit der Ökonomie auseinanderzusetzen, sie grundsätzlich zu kritisieren, nicht nur ihre Widersprüche herauszuarbeiten, sondern auch das System als Ganzes und seine Voraussetzungen in Frage zu stellen, um so zu einer *Darstellung* der Ökonomie als *Kritik* der Ökonomie zu kommen. Die Kritik bezieht sich dabei sowohl auf die Ökonomie als Wissenschaft als auch auf die tatsächliche Ökonomie als Kern der bürgerlich-kapitalistischen Gesellschaft. Die angesprochene Kritikfigur jedenfalls wird schon in den bereits zitierten *Manuskripten* deutlich formuliert. Marx schreibt dort über die Arbeit:

> Der Gegenstand, den die Arbeit produziert, ihr Produkt, tritt ihr als ein *fremdes Wesen*, als eine von dem Produzenten *unabhängige Macht* gegenüber.
> (Marx 1990b, S. 511, Herv. w. dort)

Und auf der Folgeseite heißt es:

> Die *Entäußrung* des Arbeiters in seinem Produkt hat die Bedeutung, nicht nur, daß seine Arbeit zu einem Gegenstand, zu einer *äußern* Existenz wird, sondern daß sie *außer ihm*, unabhängig, fremd von ihm existiert und eine

## 3 Die Marx'sche Fetischkritik

selbständige Macht ihm gegenüber wird, daß das Leben, was er dem Gegenstand verliehn hat, ihm feindlich und fremd gegenübertritt.
(Marx 1990b, S. 512, Herv. w. dort)

1849 ging Marx nach London. Er kam in ein Land, in dem die Industrielle Revolution bereits stattgefunden hatte, das in seiner industriell-kapitalistischen Entwicklung einen großen Vorsprung vor dem „Rest der Welt" hatte. Es gab, schreibt Eric Hobsbawm,

> einen Zeitpunkt in der Geschichte, zu dem Großbritannien, wenn wir es nicht allzu genau nehmen, als die »Werkstatt der Welt« bezeichnet werden konnte, als ihr großer Importeur und Exporteur, ihre einzige Reederei, ihr alleiniger Kolonialherr, ja fast als der alleinige Investor; und aus diesem Grund auch als die einzige Seemacht, ja Macht überhaupt, die wirklich Weltpolitik betrieb. Diese Monopolstellung war großenteils eine Folgeerscheinung des britischen Vorsprungs.
> (Hobsbawm 1971, S. 11)

Dieser Vorsprung bedeutete auf der anderen Seite jedoch eine fortgeschrittene Verelendung der Arbeiter. 1845 schreibt ein Amerikaner über die Industriestadt Manchester:

> Armselige, betrogene, unterdrückte, niedergeschmetterte menschliche Natur, die in blutenden Bruchstücken über das ganze Gesicht der Gesellschaft hin verteilt daliegt [...]. Jeden Tag danke ich dem Himmel dafür, kein armer Mann [...] mit einer Familie in England zu sein.
> (zit. n. Hobsbawm 1971, S. 97)

Was die Auseinandersetzung mit der wissenschaftlichen Ökonomie und die Entwicklung seiner eigenen Theorie betrifft, so fand Marx in London im Britischen Museum eine geradezu unerschöpfliche Fülle von Literatur, in die er sich vertiefte. Für deren Aufarbeitung und die endgültige Darstellung seiner eigenen Theorie reichte seine Lebenszeit nicht aus. Den ersten Band des *Kapitals* mit dem Untertitel *Der Produktionsprozeß des Kapitals* (bekannt als MEW 23, in dieser Ausarbeitung zitiert als Marx 1970) gab Marx noch selbst zum Druck, er erschien 1867. 1872 erschienen eine überarbeitete zweite Auflage und eine französische Übersetzung. Den zweiten und den dritten Band mit den Untertiteln *Der Zirkulationsprozeß des Kapitals* (MEW 24) und *Der Gesamtprozeß der kapitalistischen Produktion* (MEW 25, in dieser Ausarbeitung zitiert als Marx 1972a) stellte dann Friedrich Engels aus dem Nachlass von Marx zusammen und gab sie heraus.

Die Entwicklung der Marx'schen Theorie von den *Manuskripten* bis zum *Kapital* muss hier nicht en détail nachgezeichnet werden. Die vorstehenden Ausführungen sollten auch den theoretischen Zusammenhang, in dem Marx stand, und seinen Erfahrungshintergrund, zu dem sicher Friedrich Engels als Unternehmer in der Textilindustrie und Kenner der materiellen Lebensverhältnisse der Arbeiter wesentlich beigetragen hat, verdeutlichen, vor allem aber die Kritikfigur deutlich machen, die sich im *Kapital* wiederfindet, und deren Kenntnis ein genaueres Verständnis des Marx'schen Fetisch-Begriffs ermöglicht.

## 3.2 Fetischkritik bei Marx

Nach der im vorangegangenen Abschnitt geleisteten Darstellung der biographischen und theoretischen Hintergründe soll nun im Folgenden eine darauf aufbauende Darstellung der Marx'schen Fetischkritik erfolgen.

> Der Reichtum der Gesellschaften, in welchem kapitalistische Produktionsweise herrscht, erscheint als eine ‚ungeheure Warensammlung', die einzelne Ware als seine Elementarform. Unsere Untersuchung beginnt daher mit der Analyse der Ware.
> (Marx 1970, S. 49)

So lauten die ersten beiden Sätze des *Kapitals*. Damit ist klar: Die Marx'sche Analyse – und es handelt sich hier nicht um eine „positive Wirtschaftstheorie", sondern um eine kritische Analyse – setzt eine bestimmte Gesellschaftsform, den Kapitalismus, voraus. Der Kern dieser Gesellschaftsform ist die Ökonomie,

## 3 Die Marx'sche Fetischkritik

deren Kern wiederum die Ware – und eine Analyse der Ware führt Marx im ersten Kapitel des *Kapitals* durch. Zur Verdeutlichung des Ergebnisses und der Bedeutung seiner Analyse beendet er das erste Kapitel mit dem sogenannten „Fetisch-Kapitel"[22]; die genaue Überschrift lautet: „Der Fetischcharakter der Ware und sein Geheimnis". Der Text beginnt mit dem Satz:

> Eine Ware scheint auf den ersten Blick ein selbstverständliches, triviales Ding. Ihre Analyse ergibt, daß sie ein sehr vertracktes Ding ist, voll metaphysischer Spitzfindikeit und theologischer Mucken.[23]
> (Marx 1970, S. 85)

Was aber ist nun das „Vertrackte", ja „Mysteriöse" an einer Ware? Um dies zu verstehen, ist es notwendig, an dieser Stelle die Warenanalyse nachzuvollziehen, die Marx in jenem ersten Kapitel des *Kapitals* durchführt. Es kann an dieser Stelle jedoch nicht darum gehen, inwieweit sie im Einzelnen haltbar ist, sondern nur darum, die inhaltliche Bestimmung des Marx'schen Fetisch-Begriffs deutlich zu machen.

Waren sind zunächst einfach nützliche Dinge. Marx spricht hier vom „Gebrauchswert". Ihre Nützlichkeit ist so verschieden, wie sie selbst verschieden sind. Das Gemeinsame all der unterschiedlichen Dinge ist ihr Wert. Es ist die Arbeit, die den Wert schafft. Es ist die Arbeit privater Produzenten, denn:

---

22 Es handelt sich hierbei nicht um ein Kapitel, sondern, wie gesagt, um einen Unterabschnitt, um den Abschluss des ersten Kapitels (von 25 Kapiteln des Buches insgesamt); der Text umfasst dort die Seiten 85 bis 98 (vgl. Marx 1970).

23 Das Zitat geht weiter: *Soweit sie Gebrauchswert, ist nichts Mysteriöses an ihr, ob ich sie nun unter dem Gesichtspunkt betrachte, daß sie durch ihre Eigenschaften menschliche Bedürfnisse befriedigt oder diese Eigenschaften erst als Produkt menschlicher Arbeit erhält. Es ist sinnenklar, daß der Mensch durch seine Tätigkeit die Formen der Naturstoffe in einer ihm nützliche Weise verändert. Die Form des Holzes z. B. wird verändert, wenn man aus ihm einen Tisch macht. Nichtsdestoweniger bleibt der Tisch Holz, ein ordinäres sinnliches Ding. Aber sobald er als Ware auftritt, verwandelt er sich in ein sinnlich übersinnliches Ding. Er steht nicht nur mit seinen Füßen auf dem Boden, sondern er stellt sich allen andren Waren gegenüber auf den Kopf und entwickelt aus seinem Holzkopf Grillen, viel wunderlicher, als wenn er aus freien Stücken zu tanzen begänne* (Marx 1970, S. 85).
Marx unterbricht hier die stilistische Vorgehensweise, die im bisherigen Verlauf des ersten Kapitels zu finden war, und fährt unter Verwendung einer mit theologischen und religionswissenschaftlichen Begrifflichkeiten gespickten, zudem sehr poetischen Sprache fort. Das Zitat soll die angesprochene Poesie der Sprache verdeutlichen.

## 3.2 Fetischkritik bei Marx

> Nur Produkte selbständiger und voneinander unabhängiger Privatarbeiten treten einander als Waren gegenüber.
> (Marx 1970, S. 57)

Wert gibt es also nur in Gesellschaften mit einem solchen Produktionsverhältnis. Er ist keine natürliche, sondern eine gesellschaftliche „Eigenschaft", ein gesellschaftliches „Ding".

Die Größe des Wertes ist bestimmt durch *„das Quantum der in ihm enthaltenen ‚wertbildenden Substanz', der Arbeit. Die Quantität der Arbeit selbst mißt sich an ihrer Zeitdauer"* (Marx 1970, S. 53). Allerdings verschwinden im Wert sowohl die Unterschiede der Nützlichkeiten als auch die Unterschiede der Arbeiten, die Arbeit wird reduziert auf Arbeit überhaupt, auf abstrakte Arbeit. Webarbeit ist nötig um Leinwand, Schneiderarbeit um einen Rock herzustellen. So unterschiedlich beide Arbeiten im Einzelnen sind, so ist doch ihr Gemeinsames, dass sie menschliche Arbeiten sind.

> Das Gemeinsame, was sich im Austauschverhältnis oder Tauschwert der Ware darstellt, ist also ihr Wert.
> (Marx 1970, S. 53)

Das Austauschbeispiel von Marx ist:

> 20 Ellen Leinwand = 1 Rock oder: 20 Ellen Leinwand sind 1 Rock wert.
> (Marx 1970, S. 63)

Marx nennt dies die einfache Wertform, und er sagt:

> Das Geheimnis aller Wertform steckt in dieser einfachen Wertform.
> (Marx 1970, S. 63)

Wir nähern uns also dem Geheimnis, dem Mysterium. Eine Ware kann ihren Wert nicht an sich selbst ausdrücken. Die Aussage: „20 Ellen Leinwand sind 20 Ellen Leinwand wert" besagt gar nichts. Der Wert der Leinwand kann nur in Relation zu einer anderen Ware (im genannten Marx'schen Beispiel ist es der Rock) ausgedrückt werden. Anders gesagt: Der Rock, dieses nützliche Ding, drückt den Wert der Leinwand aus. Es scheint, als wäre der Rock von Natur

## 3 Die Marx'sche Fetischkritik

aus Wert – und das ist allerdings mysteriös. Die Leinwand, sagt Marx, befindet sich in der relativen Wertform, der Rock in der Äquivalentform, denn er ist wertmäßig äquivalent zur Leinwand. Und da haben wir eine Eigentümlichkeit der Äquivalentform:

> Gebrauchswert wird zur Erscheinungsform seines Gegenteils, des Werts.
> (Marx 1970, S. 70)

Daher ist der Gebrauchswert Rock als Wert unmittelbar austauschbar gegen die Leinwand.

Gehen wir von der einfachen Wertform über die allgemeine Wertform zur Geldform, so wird uns die Sache vertraut. Geld ist unmittelbar gegen jede Ware austauschbar. Alles kann zu Geld gemacht werden, für Geld kann man alles kaufen. Ware tritt in Beziehung zu Geld, Geld zu Ware. Und so finden dann auf dem Markt auch, vermittelt über das Geld, die Waren zueinander, der Rock zur Leinwand, Schuhe zum Brot, Kühe zu Autos usw.

Für uns, die wir in dieser Gesellschaft leben, ist dies so selbstverständlich, dass wir das Seltsame, Rätselhafte, Mysteriöse daran kaum wahrnehmen. Doch (und jetzt sind wir im Fetisch-Kapitel) was geschieht, wenn Dinge als Waren produziert werden, wenn Arbeitsprodukte die Warenform annehmen?

> Die Gleichheit der menschlichen Arbeiten erhält die sachliche Form der gleichen Wertgegenständlichkeit der Arbeitsprodukte, das Maß der Verausgabung menschlicher Arbeitskraft durch ihre Zeitdauer erhält die Form der Wertgröße der Arbeitsprodukte, endlich die Verhältnisse der Produzenten, worin jene gesellschaftlichen Bestimmungen ihrer Arbeiten betätigt werden, erhalten die Form eines gesellschaftlichen Verhältnisses der Arbeitsprodukte.
> (Marx 1970, S. 86)

Es ist eine bestimmte Gesellschaftsform, die dadurch charakterisiert ist, dass die Menschen ein Produktionsverhältnis eingehen, durch das Gebrauchsgegenstände zu Waren werden, *„weil sie Produkte voneinder unabhängiger betriebener Privatarbeiten sind"* (Marx 1970, S. 87).

## 3.2 Fetischkritik bei Marx

Der Bäcker backt das Brot nicht für den, der hungrig ist, sondern für den Markt, auf dem das Brot – vermittelt durch das Geld – sich ein anderes Arbeitsprodukt, eine andere Ware suchen muss, gegen die es sich tauschen kann. Das aber scheint von Natur aus so zu sein: Dass Geld gegen alle Waren getauscht werden kann, scheint in der Natur des Geldes zu liegen.

> Das Geheimnis der Warenform besteht also einfach darin, daß sie den Menschen die gesellschaftlichen Charaktere ihrer eignen Arbeit als gegenständliche Charaktere der Arbeitsprodukte selbst, als gesellschaftliche Natureigenschaften dieser Dinge zurückspiegelt, daher auch das gesellschaftliche Verhältnis der Produzenten zur Gesamtarbeit als ein außer ihnen existierendes gesellschaftliches Verhältnis von Gegenständen.
> (Marx 1970, S. 86)

Das ist aber nicht einfach ein falscher Schein. Den Produzenten erscheinen

> die gesellschaftlichen Beziehungen ihrer Privatarbeiten als das, *was sie sind*, d.h. nicht als unmittelbar gesellschaftliche Verhältnisse der Personen in ihren Arbeiten selbst, sondern vielmehr als sachliche Verhältnisse der Personen und gesellschaftliche Verhältnisse der Sachen.
> (Marx 1970, S. 87, Herv. v. mir)

Die Personen verhalten sich zu den Sachen, den Waren, und es sind die Waren, die Sachen, die, indem sie sich aufeinander beziehen, den gesellschaftlichen Zusammenhang herstellen. Es handelt sich um ein Verhältnis von Dingen, was Marx eine *„phantasmagorische Form"* (Marx 1970, S. 86) nennt. Eine Phantasmagorie ist ein Trugbild und natürlich ist es ein Trug, zu meinen, Dinge könnten etwas tun, könnten Verhältnisse eingehen. Eine Phantasmagorie ist aber auch ein Zauber und der findet hier statt. Das allem zu Grunde liegende gesellschaftliche Verhältnis, das natürlich nur von Menschen eingegangen werden kann, führt dazu, dass die Dinge, dass die Waren tatsächlich selbstständig werden und erst sie den gesellschaftlichen Zusammenhang wirklich herstellen.[24]

---

[24] Da alles über das Geld vermittelt wird, ist das Geld die Einheit der Gesellschaft. An dieser Stelle der Marx'schen Analyse ist Geld jedoch nur eine besondere Ware. Grundsätzlich ändert

## 3 Die Marx'sche Fetischkritik

Wo gibt es einen vergleichbaren Zusammenhang noch?

Um daher eine Analogie zu finden, müssen wir in die Nebelregion der religiösen Welt flüchten. Hier scheinen die Produkte des menschlichen Kopfes mit eignem Leben begabte, untereinander und mit den Menschen in Verhältnis stehende selbständige Gestalten. So in der Warenwelt die Produkte der menschlichen Hand. Dies nenne ich den Fetischismus, der den Arbeitsprodukten anklebt, sobald sie als Waren produziert werden, und der daher von der Warenproduktion unzertrennlich ist. (Marx 1970, S. 86 f.)

„Scheinen", steht dort, *„hier scheinen die Produkte..."* – also doch nur falscher Schein? Schon in der Einleitung zur „Kritik der Hegelschen Rechtsphilosophie" schrieb Marx, dass die *„Kritik der Religion im wesentlichen beendigt"* sei (Marx 1972c, S. 378, Herv. d. Quelle entfernt). Wenn man nun weiß, dass es einen Gott nicht gibt, dann kann die Existenz Gottes nur Schein sein. Wenn die Menschen aber glauben, dass es ihn gibt, dann ist er *wirklich* mit eigenem Leben begabt (und nicht nur Schein) und mit den Menschen in Verhältnis stehend: „wirklich" weil „wirksam", in der Praxis der Menschen wirksam. *„So in der Warenwelt die Produkte der menschlichen Hand."* Wenn die Produkte in diesem Produktionsverhältnis hergestellt werden, dann sind sie *wirklich selbstständige* Gestalten, „wirklich" weil „wirksam", in der Praxis der Menschen wirksam.

Die Marx'sche Analyse ist hier nicht zu Ende, sondern geht weiter von der Ware über das Geld und das Kapital bis zum Gesamtsystem des industriellen Kapitalismus. Dieses Weitergehen ist aber nicht ein „Weiter" zu Diesem und Jenem auch noch, sondern eine weitere inhaltliche Füllung und genauere Bestimmung des Ergebnisses der bisherigen Analyse. Es sollen daher beispielhaft

---

sich daran auch im weiteren Verlauf der Argumentation im *Kapital* nichts, da Wert immer an ein Ding gebunden ist. Einen „freischwebenden" Wert gibt es nicht, wie sich spätestens in Krisen immer wieder zeigt. Deshalb spricht Marx auch von einem *„Wertding"* und einer *„Wertgegenständlichkeit"* (Marx 1970, S. 87).

## 3.2 Fetischkritik bei Marx

noch einige weitere Punkte angesprochen werden, auch damit deutlich wird, dass der Fetisch wirkliche Macht, große Macht hat in dieser Gesellschaft.

„*Die Waren können nicht selbst zu Markte gehn*" (Marx 1970, S. 99). So tragen also die „*Warenhüter*" ihre Dinge zu Markte. Als Waren verlangen die Dinge, dass sie nicht einfach genommen werden.

> Um diese Dinge als Waren aufeinander zu beziehen, müssen die Warenhüter sich zueinander als Personen verhalten, *deren Willen in jenen Dingen haust*, so daß der eine nur mit dem Willen des andren, also jeder nur vermittelst eines, beiden gemeinsamen Willensakts sich die fremde Ware aneignet, in dem er die eigne veräußert. Sie müssen sich daher wechselseitig als Privateigentümer anerkennen.
> (Marx 1970, S. 99, Herv. v. mir)

So erklären sich weite Bereiche von Justiz und Polizei, durch die diese gegenseitige Anerkennung staatlich abgesichert bzw. im Ernstfall staatlich durchgesetzt wird.

Verkauft ein Warenbesitzer seine Ware gegen Geld und kauft sich dafür eine andere Ware (W–G–W), so ist der Zielpunkt dieses Prozesses eine Ware, die ein bestimmtes Bedürfnis des Käufers stillt. Der Prozess ist damit abgeschlossen. Anders ist es, wenn jemand für Geld eine Ware kauft, um sie dann zu verkaufen (G–W–G). Dieser Prozess hat nur einen Sinn, wenn hinterher mehr Geld da ist als vorher, ein Mehrwert, der als g bezeichnet wird. G+g wird auch G' genannt. G–W–G' ist die allgemeine Form des Kapitals. Dieser Prozess wird immer wiederholt. Er ist maßlos.

> Die selbständigen Formen, die Geldformen, welche der Wert der Waren in der einfachen Zirkulation [(W–G–W; A.H.)] annimmt, vermitteln nur den Warenaustausch und verschwinden im Endresultat der Bewegung. In der Zirkulation G–W–G funktionieren dagegen beide, Ware und Geld, nur als verschiedne Existenzweisen des Werts selbst, das Geld seine allgmeine, die Ware seine besondre, sozusagen nur verkleidete Existenzweise. Er geht beständig aus der einen Form in die andre über, ohne sich in die-

## 3 Die Marx'sche Fetischkritik

> ser Bewegung zu verlieren, und verwandelt sich so in ein *automatisches Subjekt*. Fixiert man die besondren Erscheinungsformen, welche der sich verwertende Wert im Kreislauf seines Lebens abwechselnd annimmt, so erhält man die Erklärungen: Kapital ist Geld, Kapital ist Ware. In der Tat aber wird der Wert hier das Subjekt eines Prozesses, worin er unter dem beständigen Wechsel der Formen von Geld und Ware seine Größe selbst verändert, sich als Mehrwert [(das genannte g, also sozusagen der ' von G'; A.H.)] von sich selbst als ursprünglichem Wert abstößt, sich selbst verwertet. Denn die Bewegung, worin er Mehrwert zusetzt, ist seine eigene Bewegung, seine Verwertung also Selbstverwertung. Er hat die okkulte Qualität erhalten, Wert zu setzen, weil er Wert ist. Er wirft lebendige Junge oder legt wenigstens goldene Eier.
> (Marx 1970, S. 168 f., Herv. v. mir)

Die entwickelste Form des sich selbst verwertenden Werts, den Kapital-Fetisch, sieht Marx in der Form G–G', bei der der G und G' vermittelnde Prozess von Produktion und Zirkulation gleichgültig zu sein scheint und „unsichtbar" wird.

> Es ist das fertige Kapital, Einheit von Produktionsprozeß und Zirkulationsprozeß, und daher in bestimmter Zeitperiode bestimmten Mehrwert abwerfend. In der Form des zinstragenden Kapitals erscheint dies unmittelbar, unvermittelt durch Produktionsprozeß und Zirkulationsprozeß. Das Kapital erscheint als mysteriöse und selbstschöpferische Quelle des Zinses, seiner eigenen Vermehrung. [...] Im zinstragenden Kapital ist daher dieser *automatische Fetisch* rein herausgearbeitet, der sich selbst verwertende Wert, Geld heckendes Geld, und trägt es in dieser Form keine Narben seiner Entstehung mehr. Das gesellschaftliche Verhältnis ist vollendet als Verhältnis eines Dings, des Geldes, zu sich selbst.
> (Marx 1972a, S. 404 f., Herv. v. mir)

Arbeit scheint hier nicht mehr nötig, das Geld selbst scheint zu arbeiten.

Hier, im dritten Band des *Kapitals*, spricht Marx vom „automatischen Fetisch", im ersten Band sprach er vom „automatischen Subjekt", gemeint ist

## 3.2 Fetischkritik bei Marx

dasselbe: Der Fetisch bewirkt etwas und er stellt Forderungen. Er fordert die Produktion des Kapitals auf ständig erweiterter Stufenleiter.

> Dies ist Gesetz für die kapitalistische Produktion, gegeben durch die beständigen Revolutionen in den Produktionsmethoden selbst, die damit beständig verknüpfte Entwertung von vorhandenem Kapital, den allgemeinen Konkurrenzkampf und die Notwendigkeit, die Produktion zu verbessern und ihre Stufenleiter auszudehnen, bloß als Erhaltungsmittel und bei Strafe des Untergangs.
> (Marx 1972a, S. 254 f.)

Heute nennt man das „Wachstumszwang". Wachstum, Wachstum, Wachstum, das ist das Mantra der Politiker und Ökonomen, dem haben alle zu dienen, *„bei Strafe des Untergangs"*. Die Folgen sind seit langem bekannt. In diesem Zusammenhang reicht es, auf den Klimawandel hinzuweisen und das Buch *Die Grenzen des Wachstums* des „Club of Rome"; es erschien bereits 1972. Wenn irgendwo, dann wird hier etwas erfahrbar von dem Fetisch-Charakter dieser Gesellschaft, bei aller Fraglichkeit der Marx'schen Theorie im Einzelnen.

Die Waren, Wert und Mehrwert müssen produziert werden. Nur menschliche Arbeit schafft Wert. Das „automatische Subjekt" unterwirft sich den Produktionsprozess und formt ihn um. Maschinen werden eingesetzt. Die Maschine nimmt dem Arbeiter das Werkzeug aus der Hand. *„Nach Übertragung des eigentlichen Werkzeugs vom Menschen auf einen Mechanismus tritt eine Maschine an die Stelle eines bloßen Werkzeugs"* (Marx 1970, S. 394). Es ist nicht eine *„Bewegungsmaschine"* (Marx 1970, S. 393) wie die Dampfmaschine, sondern: *„Dieser Teil der Maschinerie, die Werkzeugmaschine, ist es, wovon die industrielle Revolution im 18. Jahrhundert ausgeht"* (Marx 1970, S. 393). In der Fabrik verbinden sich die Maschinen zu einer Maschinerie, die dem Menschen nur noch überlässt, *„die Maschine mit seinem Auge zu überwachen und ihre Irrtümer mit seiner Hand zu verbessern"* (Marx 1970, S. 395) und alle die nötigen Handgriffe zu erledigen, die die Maschine noch nicht übernommen hat. Das „automatische Subjekt" treibt die Automation in die Produktion. Mit

## 3 Die Marx'sche Fetischkritik

zunehmender Automatisierung werden die Menschen überflüssig, nicht nur in der Fabrik, sondern in immer mehr Bereichen, z. B. in der Altenpflege, wenn Pflegekräfte durch Roboter ersetzt werden – dies wäre eine Extrapolation der Marx'schen Argumentation in die heutige Zeit, wie sie bspw. von Günther Anders vorgenommen wurde (vgl. hierzu insbesondere Anders 1980, S. 26 ff.). Anders schreibt vom

> Trend, *den Menschen*, wie absurd das auch klingen mag, *überflüssig zu machen:* dessen Arbeit nämlich durch den Automatismus von Geräten zu ersetzen; einen Zustand zu verwirklichen, in dem zwar nicht niemand, aber doch – denn es handelt sich natürlich um einen asymptotischen Prozeß – *so wenig Arbeiter wie möglich erforderlich sind.*
> (Anders 1980, S. 26, Herv. w. dort)

Die vorstehenden Ausführungen, die zur inhaltlichen Füllung des Fetisch-Begriffs gehören, dürften deutlich gemacht haben, welch große Macht dieser Fetisch hat. Ein Einwand gegen Marx könnte nun sein, dass er die Kritikfigur „Fetisch" ja bereits von Feuerbach übernommen habe, also bereits mit einem fertigen Ergebnis an seine Untersuchung der Ökonomie herangegangen sei. Einen solchen Einwand hat Marx geahnt, wenn er im Vorwort zum *Kapital* schreibt, dass die Ökonomie zunächst „*im Detail"* zu erforschen sei, um dann ihren inneren Zusammenhang darstellen zu können. „*Gelingt dies und spiegelt sich nun das Leben des Stoffes ideell wider, so mag es aussehen, als habe man es mit einer Konstruktion a priori zu tun"* (Marx 1970, S. 27). Mag Marx auch mit einer bestimmten Kritikfigur an seine Analyse gegangen sein, so ist doch die Frage, ob nicht der Untersuchungsgegenstand selber das scheinbar vorher feststehende Ergebnis der Analyse erzwingt, sodass diese Kritikfigur eine wirkliche Entdeckung wäre.

Mit seinem Fetischbegriff, den er auch auf Staat, Politik und Demokratie ausdehnt, leistet der esoterische[25] Marx, was jeder große Entdecker in den

---
[25] Kurz unterscheidet in seiner Einführung zur von ihm zusammengestellten Sammlung mit Texten von Marx einen „,exoterischen' (nach außen gewandten, gut rezipierbaren)" und einen „,esoterischen' (kategorisch denkenden, schwer zugänglichen) Marx" (vgl. ebd., S. 28).

menschlichen Dingen leistet: Er macht das scheinbar Einfache, Alltägliche, die „schweigende Dimension" des Selbstverständlichen zum Fremden, Erklärungsbedürftigen und Falschen.

Erst der Fetischbegriff des esoterischen Marx macht es möglich, auf einer höheren theoretischen Abstraktionsebene eine tatsächliche, nicht bloß durch Rückprojektionen der Moderne gewonnene Gemeinsamkeit aller bisherigen Gesellschaftsformen zu benennen: So unterschiedlich ihre Verhältnisse auch immer gewesen sein mögen, niemals hat es sich um selbstbewußte Gesellschaften gehandelt, die frei über den Einsatz ihrer Möglichkeiten bestimmen konnten, sondern immer nur um Gesellschaften, die von fetischistischen Medien verschiedenster Art (Rituale, Personifikationen, religiös bestimmte Traditionen usw.) gesteuert wurden. Insofern müßte man von einer *„Geschichte von Fetischverhältnissen"* sprechen. Das moderne warenproduzierende System mit seiner irrational verselbständigten Ökonomie stellt demnach nur die letzte, durch ihre eigene blinde Dynamik vorangepeitschte Form des gesellschaftlichen Fetischismus dar.
(Kurz 2006, S. 45 f., Herv. w. dort)

Was Kurz hier mit *„letzte Form"* meint, erläutert er nicht. Es könnte etwas bedeuten wie: „die bislang letzte Form", „die jüngste Form". Denkbar wäre aber auch, dass die *„blinde Dynamik"* zum Untergang dieses Fetischismus führt, dass diese letzte Form also daher die letzte ist, weil sich der Fetischismus durch sie selbst zerstört.

## 3.3 Marx'sche Fetischkritik als Gegenstand der Religionswissenschaft

Karl Marx hatte einige Semester Jura studiert, besaß einen Doktortitel in Philosophie, die Themen seiner Werke waren ökonomischer und gesellschaftstheoretischer (soziologischer) Natur. Mehrere Wissenschaften lassen sich also mit

## 3 Die Marx'sche Fetischkritik

Marx in Verbindung bringen – die Religionswissenschaft gehört trotz religionskritischer Texte nicht dazu. Es ist daher auf den ersten Blick nicht unbedingt naheliegend, einen Aspekt, einen Gedankengang des Marx'schen Werkes zum Gegenstand einer religionswissenschaftlichen Untersuchung zu machen. Möchte man jedoch wie hier einen Aspekt aus der Bibel mit einem Aspekt bei Marx vergleichen und dabei nachweisen, dass hier dieselbe „religiöse" Kritikfigur enthalten ist, kommt die Religionswissenschaft schnell in den Blick. Generell ist anzumerken, dass die Trennung der Wissenschaften den gesellschaftlichen Gegegebenheiten oftmals nicht gerecht wird – es ist eine Trennung gegen den sachlichen Zusammenhang.

In der Marx'schen Fassung des Fetisch-Begriffs sind es die Produkte der menschlichen Hand, die mit eigenem Leben begabt sind und sowohl untereinander als auch zum Menschen als selbstständige Gestalten in Beziehung stehen (s. hierzu und zum Folgesatz Abschnitt 3.2). Dies nennt Marx den Fetischismus, der den Waren anklebt.

> Dieser Fetischcharakter der Warenwelt entspringt [...] aus dem eigentümlichen gesellschaftlichen Charakter der Arbeit, welche Waren produziert. (Marx 1970, S. 87)

Die Beziehung der unabhängig voneinander arbeitenden privaten Produzenten wird hergestellt durch den Warentausch. Dies bedeutet, dass der Fetischismus dem gesellschaftlichen Zusammenhang selber geschuldet ist. Versteht man Fetischismus als religiösen Dienst am Fetisch, ist die Religion somit in den gesellschaftlichen Zusammenhang gerutscht.

> *Die Säkularisierung dieser Gesellschaft ist Schein.* [...] keine Rede davon, daß die moderne Gesellschaft sich von der Religion emanzipiert hätte. Sie ist sich selbst zur Religion geworden, und zwar so, daß sie den herkömmlichen Unterschied von profaner und sakraler Sphäre aufhebt. Beides verschwimmt ineinander. Etwas ganz Profanes, nämlich ein bestimmtes Produktionsverhältnis, ist zur religiösen Substanz der ganzen Gesellschaft geworden: zur real existierenden Volkskirche. Lediglich von

## 3.3 Marx'sche Fetischkritik als Gegenstand der Religionswissenschaft

den herkömmlichen Formen *besonderer* Religion hat man sich emanzipiert: Judentum, Christentum, Islam und was es auch sei. Sie fallen nun in die Privatsphäre der Individuen, und ihre Ausübung verhält sich zur Ausübung der *allgemeinen* Religion des Warenfetischismus wie das Hobby zum Beruf.
(Türcke 1992, S. 30 f., Herv. w. dort)

Der Fetisch wäre dann nicht (wie Gott) *„jenes höhere Wesen, das wir verehren"* (Böll 1966, z. B. S. 91), kein transzendentes Wesen „über den Menschen im Himmel", sondern eine immanente Transzendenz hinter ihrem Rücken.

Gewiss sind dies steile Thesen. Doch sie zu überprüfen, kann nur die Religionswissenschaft leisten. Allein aus diesem Grunde kann die Marx'sche Theorie bereits Gegenstand einer religionswissenschaftlichen Untersuchung sein.

Stimmen diese Thesen, so sind die besonderen Religionen nicht mehr „substantiell". Sie sind aber nicht verschwunden (und werden auch nicht verschwinden), weil die Menschen dieser Gesellschaft sie zur Kontingenzbewältigung, als *„imaginäre Blumen an der Kette"* (Marx 1972c, S. 379) benötigen.

Hier könnte die Religionswissenschaft anknüpfen und dazu kommen, Religion gesellschaftsgeschichtlich zu fassen. Religionen haben Unterschiede, die den unterschiedlichen Gesellschaftsformen entsprechen, in denen sie auftreten. Das in ihnen bei allen Unterschieden Gleichbleibende wäre dann, dass sie etwas Selbstgemachtes sind, das den Menschen als fremde Macht entgegenkommt.

Fragt man im Anschluss an diese Überlegungen mit Faust, was die Welt im Innersten zusammenhält, so lässt sich jetzt antworten: die allgemeine Religion. Dass dies von einer ganz anderen Religion in einer ganz anderen Gesellschaft zu alttestamentlicher Zeit auch gilt, wird deutlich in dem Entwurf Hartmut Apels einer *„Theorie gesellschaftlicher Synthesis"* (Apel 1982, S. 9). Er schreibt über Gesellschaft in Ägypten, die hier als ein Beispiel verwendet werden soll:

## 3 Die Marx'sche Fetischkritik

> Der Pharao ist „die gestaltende Lebenskraft" [...], die verantwortlich ist für die gesellschaftliche Reproduktion. Von ihm hängt der geregelte Ablauf der Jahreszeiten, die Ernte und die Ernährung ab, er ist es, der die feindlichen Völker besiegt. Als einziger Priester ist er der offizielle Mittler zwischen dem Volk und den Göttern. *Kraft seiner Göttlichkeit synthetisiert er Gesellschaft.*
> (Apel 1982, S. 63, Herv. v. mir)

Die allgemeine Religion also sorgt wesentlich für den gesellschaftlichen Zusammenhang und dafür, das alles so bleibt, wie es ist. Alfred Sohn-Rethel attestiert diese Funktion auch einer besonderen Religion, dem Christentum, und formuliert als Definition von Religion:

> Denn die wirkliche Definition des Christentums als Religion ist nicht sein Glaube ans Jenseits, sondern ist sein Glaube an die praktische Unaufhebbarkeit und diesseitige Unveränderlichkeit dieser Welt.
> (Sohn-Rethel 1985, S. 220)

TINA, *there is no alternative*, wäre dann die Schutzheilige aller Religion.

Entscheidend hierbei ist, nicht einer plumpen Widerspiegelungstheorie zu verfallen, nach der die Religionen einfaches Abbild der jeweiligen Gesellschaft sind und sich widerspruchslos in diese einfügen. Die Bibel, Judentum und auch Christentum enthalten durchaus widerständige Elemente, die auch auf Veränderung aus sind. Überdeutlich ist dies bei den Propheten. Akzeptiert man Sohn-Rethels Definition, so wären die nicht-religiösen Momente von Religion herauszuarbeiten. Versuche dieser Art finden sich bei Ernst Bloch[26] sowie auch bei Jacob Taubes (Taubes 1993). Dass auch die gesellschaftliche Synthesis selber verändernde Elemente enthalten kann, darauf weist Apel ausdrücklich hin (Apel 1982, S. 14).

---

26 Vor allem im Werk *Atheismus im Christentum*; Bloch hält es für „*detektivisch nötig, die Bibel sub specie ihrer weiterwirkenden Ketzergeschichte zu lesen*" (Bloch 1968, S. 23). Er konstatiert zur Bibel: „*Scharfes (oft unterschlagenes) Aufbegehren gegen Druck ist darin, geführt von beispielloser Erwartung eines wirklich Ganz-Anderen, wovon die Erde einmal voll wird*" (Bloch 1968, S. 111, Herv. w. dort).

Aufgrund dieser so herausgearbeiteten Erkenntnis von gesellschaftlicher Wirkmächtigkeit und Funktion von Religion ist zu erwarten, dass auch das Marx'sche Fetischkonzept zu neuen Fragestellungen in der Religionswissenschaft führt. Die vorliegende Ausarbeitung ist hier lediglich ein erster Schritt.

## 3.4 Abschließende Bemerkungen

Jean-Bertrand Pontalis schreibt in der Einleitung der von ihm herausgegebenen Textsammlung *Objekte des Fetischismus* über eben jene titelgebende Begrifflichkeit:

> Metapher – denn es gibt wenig derart eindrucksvolle Beispiele für die Wanderung eines Begriffs: ganz wie die Objekte, die er zu etikettieren vorgibt, kommt auch der Fetischismus stets von anderswo her! (Pontalis 1972, S. 17)

Metaphern sind eine feine Sache. Als sprachlicher Kniff sind sie in der Lage, Zusammenhänge zu verdeutlichen und in eine prosaische Ästhetik einzukleiden.[27] Oftmals wird jedoch dadurch, dass eine Begrifflichkeit als „bloße Metapher" bezeichnet wird, verschleiert, dass sie einen Zusammenhang auch sachlich, inhaltlich trifft. Ein entsprechend zugeschnittener Fetisch-Begriff, der unter „Fetisch" das versteht, was seinen „Produzenten" als fremde Macht entgegenkommt, obwohl es lediglich ein selbstgemachtes Produkt der eigenen Hand ist, trifft, so konnte hoffentlich gezeigt werden, den in der Marx'schen Fetischkritik enthaltenen Gedankengang. Dass Marx sich hier eines Begriffes aus dem religionswissenschaftlichen Kontext bedient, ist somit zwar metaphorisch, aber auch mehr als das. Es ist eine sachlich zutreffende, den darzustellenden Sachverhalt präzise beschreibende Analogie. *„Um daher eine Analogie zu finden,*

---

27 Diese Funktion nutzt auch Marx, wenn er, wie oben bereits auszugsweise zitiert, zur Religionskritik Feuerbachs schreibt: *„Die Kritik hat die imaginären Blumen an der Kette zerpflückt, nicht damit der Mensch die phantasielose, trostlose Kette trage, sondern damit er die Kette abwerfe und die lebendige Blume breche"* (Marx 1972c, S. 379). Hier ist die Metaphorik tatsächlich „nur" aus sprachlich-ästhetischen Gründen verwendet.

## 3 Die Marx'sche Fetischkritik

*[...]"* – so hatte ich Marx oben zitiert. Eine Analogie ist eine Möglichkeit der Metapher, eine Ähnlichkeitsbeziehung und daher eine Metapher im engeren Sinne.[28]

Diese Analogie ist jedoch nicht weniger wahr, nur weil sie eine Metapher ist; so als wäre das Problem damit erledigt.[29] Man versuche mal einem Marxisten beizubringen, dass „Herrschaft" ja bloß eine Metapher sei, da ja doch die „Herrschaften", Fürsten und Könige, alle abgedankt haben oder nur noch als Staffage dienen, weswegen Herrschaft heutzutage bedeutungslos sei.

Die Verwendung der Begriffe Fetisch und Fetischismus bei Marx sind keine beliebigen Wortspiele. Sie sind zwar auch Metaphern, lassen sich aber nicht darauf reduzieren. [...] Begriffe wie Warenfetisch und Fetischismus müssen als eigenständige Kategorien, die viele der zuvor entwickelten Kategorien in sich aufnehmen, behandelt werden.
(Grigat 2007, S. 72)

Aus diesem Grunde, weil es sich bei Marx um eigenständige Kategorien handelt, und um nicht Gefahr zu laufen, die Verwendung des Wortes „Fetisch" als *bloße* Metaphorik abzutun, wurde und wird in dieser Ausarbeitung vom „Fetisch-*Begriff*" gesprochen, nicht von der „Fetisch-*Metapher*". Der Audruck „Begriff" weist darauf hin, dass „Fetisch" hier inhaltlich gefüllt ist durch die gesamte Analyse von Marx.

Überhaupt ist es eigenartig, die Einordnung eines Begriffs als Metapher pejorativ zu verwenden bzw. zu meinen.

Anders ausgedrückt: das Mißtrauen gegen Metaphern beruht auf dem als selbstverständlich gültig anerkannten Irrtum, daß die verschiedenen Er-

---

28 Zur Metapher findet sich folgende Definition von Aristoteles: „*Die Metapher ist die Übertragung (epiphorá) eines anderswoher genommenen Namens (onómatos allotríou). Sie geschieht entweder zwischen der Gattung und der Art (apò toû génous epì eîdos) oder zwischen der Art und der Gattung (apò toû eídous epì tò génos) oder zwischen einer Art und einer anderen (apò toû eídous epì eîdos) oder aufgrund einer Ähnlichkeit (è katà tò análogon)*" (Poetik – 1457b; zit. n. Frank 1980, S. 59).

29 Daher kann Bloch auch, wie in der Einleitung auf S. 12 zitiert, von einer „*objektiv-realen Analogie*" sprechen.

## 3.4 Abschließende Bemerkungen

lebnisprovinzen autonom und hermetisch voneinander abgesperrt seien; und daß der kleine Grenzverkehr zwischen diesen Provinzen, mindestens den Befugten, nämlich den Wissenschaftlern, verboten sei.
(Anders 1985, S. 77)

Günther Anders verteidigt sich an jener Stelle gegen den Vorwurf, eine Metapher zu verwenden und sich von ihr irreführen zu lassen. Dass Marx die metaphorische Analogie des Fetischs verwendet, dass er also die Grenze zwischen den Provinzen überschreitet, bis hin zur Provinz der Nebelregion, kann ihm, so würde Anders sagen, nicht zum Vorwurf gemacht werden.

Der Marx'sche Fetisch-Begriff, das, was Marx mit dieser Analogie bezeichnet, lässt sich nun abschließend wie folgt zusammenfassen: Produkte der menschlichen Hand treten dem Menschen als selbstständige fremde Macht gegenüber. Dies ist der Fetisch, der den Waren anklebt. Das Geld, das im Verlauf der Marx'schen Analyse als eine *besondere* Ware vorgestellt wird (an der somit ebenfalls ein derartiger Fetisch klebt), wird über die Bestimmung von Geld als Mehrgeld (G–W–G') zum Kapital. Dieses „Mehr" muss produziert werden durch die notwendigerweise stetig wachsende Produktion. Im Kapitalfetisch tritt dem Menschen somit ein Wachstumszwang als fremde Macht entgegen (dieser verbleibt auch bei G–G', dem zinstragenden Kapital, bei dem die Produktion nicht nötig zu sein scheint). Diese den Menschen entgegentretenden Mächte üben eine gesellschaftliche Herrschaft aus. Den Fetischcharakter zu durchschauen beseitigt diese Herrschaft noch nicht, aber es ist die erste notwendige Voraussetzung für jeden Versuch, sich von dieser Herrschaft zu lösen.

[Es ist daher geboten,] die in der Marxschen Kritik der politischen Ökonomie gründende Kritik des Fetischismus nicht nur als zentralen Bestandteil des Marxschen Werkes, sondern als unabdingbar für jegliche Bemühung um Freiheit darzustellen. Freiheit ist hier ex negativo bestimmt als Freiheit von Ausbeutung und Herrschaft, als *Befreiung*.
(Grigat 2007, S. 10, Herv. w. dort)

## 3 Die Marx'sche Fetischkritik

Um *Befreiung*, um Freiheit von Ausbeutung und Herrschaft, geht es auch im alttestamentlichen Buch Exodus, in dem Ägypten[30] für die Sklaverei steht, aus der das Volk Israel von seinem Gott, dem NAMEN, befreit wird. Im folgenden Kapitel wird nun das biblische Bilderverbot analysiert werden, das u. a. im Buch Exodus formuliert ist.

---

30 „Ägypten" als Synonym für Unfreiheit und Ausbeutung auch in der heutigen Zeit zu verwenden, ist vielleicht nicht verbreitet, kommt aber vor. Die Nordbremer Schriftstellerin Tami Oelfken bspw. verwendet diese Metapher in ihrem 1940 unter dem Namen *Tine* erschienenen und nach dem Verbot durch die Faschisten erst 1947 unter dem Titel *Maddo Clüver* wieder aufgelegten Roman. In einem Kapitel des Buches ist ein Unternehmer, Tobias von Straaten, auf der Suche nach Arbeitern für seine Ziegelei. Diesbezüglich fragt er auch bei der Familie Irtz an und erkundigt sich, ob nicht die Söhne des Hauses für ihn Ziegel brennen könnten. Es heißt dann: „*So, so, Ziegelbrennen! Das hätten ja wohl die Kinder Israel in Ägypten gemußt. Wenn [Oma Irtz] sich recht erinnerte, so waren Fronvögte dabei gewesen. Einer hatte die Peitsche geschwungen. [...] Tobias war außer sich. Das waren die Früchte der Religion. [...] Er war es schließlich, der die Vögte anstellte, also er war ein Ägypter!*" (Oelfken 1988, S. 26 f.)

## 4 Das Bilderverbot im Alten Testament

Nachdem nun zum Marx'schen Fetisch-Begriff einige Ausführungen erfolgt sind, soll in diesem Kapitel eine ausführliche Interpretation des alttestamentlichen Bilderverbots geliefert werden. Schon ein einfacher Blick in ein religionswissenschaftliches Lexikon zeigt, dass diese Thematik an das vorherige Kapitel dieser Ausarbeitung anschlussfähig ist, zumindest anschlussfähig sein könnte:

> Das Götterbild gehört in den Gesamtzusammenhang des sogenannten Fetisch [...].
> (Ratschow 1957, S. 1269)

Diese Aussage muss konkretisiert und mit Inhalt gefüllt werden. Hierzu ist zunächst zu ermitteln, was in der Bibel mit Bild, mit Götterbild gemeint ist.[31] In den folgenden Unterkapiteln werden nun einige Bibelstellen zu analysieren sein, die Auskunft über den biblischen Bild-Begriff geben können.

Zu klären ist dabei auch, ob die Bibel, ob das Alte Testament eventuell mehrere, voneinander abzugrenzende Bild-Begriffe kennt. Hierzu wird im Anschluss an die Klärung, was alttestamentlich mit „Bild" im Sinne von Götterbild, Gottesbild, Götzenbild gemeint ist, in einem Exkurs auch der Frage nachgegangen, wie sich dieser Bild-Begriff zur Gottebenbildlichkeit im ersten Schöpfungsbericht verhält.

Die Analyse zur Erschließung des Bild-Begriffs beginnt mit der Auslegung des Bilderverbots in den Zehn Geboten.

---

31 Auch andere Religionen kennen Götterbilder, nicht nur die sich auf das Alte Testament berufenden Religionen Judentum und Christentum. Auch der Islam bspw. kennt ein striktes Bilderverbot, das hier jedoch nicht thematisiert werden soll. Die Untersuchung beschränkt sich auf die Analyse des alttestamentlichen Befundes.

# 4 Das Bilderverbot im Alten Testament

## 4.1 Auslegung der Stelle Ex 20,4: Das Bilderverbot im Dekalog

| | |
|---|---|
| Ex 20,4 Du sollst dir kein Gottesbild machen noch irgendein Abbild von etwas, was oben im Himmel, was unten auf der Erde oder was im Wasser unter der Erde ist. | Nicht mache dir Schnitzgebild, – und alle Gestalt, die im Himmel oben, die auf Erden unten, die im Wasser unter der Erde ist, |
| 5 Du sollst dich nicht niederwerfen vor ihnen und ihnen nicht dienen, denn ich, der HERR, dein Gott, bin ein eifersüchtiger Gott, der die Schuld der Vorfahren heimsucht an den Nachkommen bis in die dritte und vierte Generation, bei denen, die mich hassen, | neige dich ihnen nicht, diene ihnen nicht, denn ICH dein Gott bin ein eifernder Gottherr, zuordnend Fehl von Vätern ihnen an Söhnen, am dritten und vierten Glied, denen die mich hassen, |
| 6 der aber Gnade erweist tausenden, bei denen, die mich lieben und meine Gebote halten. (Zürcher Bibel 2007, S. 102 f.) | aber Huld tuend ins tausendste denen die mich lieben, denen die meine Gebote wahren. (Buber und Rosenzweig 1992a, S. 205) |

Diese gemeinhin als „Bilderverbot" bekannte Textstelle ist Bestandteil des sogenannten *Dekalogs* (griech. δεκάλογος, auf Deutsch: „Zehnwort"), der Zehn Gebote des Alten Testaments.

Die Zehn Gebote sind in der Bibel an zwei Stellen zu finden, nämlich im Buch Exodus, Kapitel 20,2–17, sowie im Buch Deuteronomium, Kapitel 5,6–21. Die beiden Fassungen weichen im Detail voneinander ab, sodass bei einer

## 4.1 Auslegung der Stelle Ex 20,4: Das Bilderverbot im Dekalog

Betrachtung einzelner Passagen immer auch auf die Unterschiede zu achten ist.[32] Die Gebote sind im hebräischen Text nicht nummeriert, sodass die Einteilung oder Zuteilung der einzelnen Abschnitte zu den Geboten nicht eindeutig ist. Grob haben sich christlicherseits zwei Zählweisen herauskristallisiert: Während Katholiken und Lutheraner das Bilderverbot nicht als eigenständiges Gebot ansehen und es gemeinsam mit der Selbstvorstellung des NAMENS und dem Fremdgötterverbot als erstes Gebot zählen[33], kennen Reformierte, Anglikaner, Orthodoxe, Adventisten und viele Freikirchen das Bilderverbot als eigenständiges Gebot. Im Judentum wird die Selbstvorstellung des NAMENS als erstes Gebot gezählt, sodass Fremdgötterverbot und Bilderverbot als zweites Gebot fungieren.

Zur Entstehung des Dekalogs und zur zeitlichen Verortung seiner Endfassung und seiner Bestandteile gibt es sehr unterschiedliche Theorien (vgl. Schmidt 1993, S. 25 ff., auch Crüsemann 1993, S. 16 ff.). Mit Crüsemann möchte ich mich der These anschließen, es handle sich bei dem Dekalog um einen Text der späten vorexilischen Zeit.

> Er ist ein Produkt der Zeit zwischen Hosea und dem Deuteronomium, historisch gesprochen zwischen dem Untergang des Nordreichs und Josia. [...] Für sein Verständnis gilt es zunächst festzuhalten, daß er also bereits eine *Reaktion* auf die tiefen religiösen, theologischen, politischen und sozialen Krisen nicht nur des 9., sondern auch des 8. Jahrhunderts darstellt. Und dazu gehört z. B. das Entstehen starker sozialer Gegensätze in Israel [...], dazu gehört vor allem der Untergang des Nordreichs und der Schock, den er ausgelöst haben muß. Angesichts dieser einschneidenden Erfahrungen werden die elementaren Grundforderungen Jahwes heraus-

---

32 In der vorliegenden Ausarbeitung wird die Fassung des Buches Exodus als Grundlage genommen. Die Unterschiede zur Version im Buch Deuteronomium werden ab S. 73 eine Rolle spielen.

33 Um trotzdem auf zehn Gebote zu kommen, wird dann das letzte Gebot, das Begehrensverbot, aufgetrennt. Die Katholiken zählen, der deuteronomischen Version folgend, das Verbot des Begehrens der Frau als neuntes Gebot, sodass das zehnte Gebot aus dem Verbot des Begehrens von Haus und Gütern besteht, die Lutheraner hingegen folgen der Exodus-Version, in der zunächst das Haus (neuntes Gebot) und dann erst Frau und Güter (zehntes Gebot) genannt werden.

## 4 Das Bilderverbot im Alten Testament

gestellt: Sie werden im Dekalog gesammelt und in dieser Konzentration erstmalig formuliert.
(Crüsemann 1993, S. 26 f., Herv. w. dort)

Festgehalten werden kann auch, dass die Dtn-Fassung des Bilderverbots gegenüber der Ex-Fassung als die ältere angesehen wird (vgl. Dohmen 1985, S. 213, auch S. 216).

Um ein Verständnis dieses Textabschnitts zu erlangen, ist zunächst eine sprachliche Betrachtung sinnvoll. Dieser Vorgehensweise sind jedoch Grenzen gesetzt. Dohmen stellt zwar zurecht fest:

> [...] eine möglichst exakte semantische Beschreibung der hebr. Lexeme und die dazu parallellaufende Problematisierung der Übersetzungsäquivalente stellt bereits die Weichen zu einer sachgerechten Erfassung der Verbotsproblematik [...].
> (Dohmen 1985, S. 16)

Trotzdem kann eine solche Betrachtung an dieser Stelle bestenfalls im Ansatz geleistet werden.

Zentrale Aussage des Gebotes – und daher erster Gegenstand der sprachlichen Betrachtung – ist ganz offenbar die Anfangsaussage *„Nicht mache dir Schnitzgebild"*, der einige Erläuterungen folgen, die zur Interpretation dieser Aussage herangezogen werden können.

Zu beginnen ist also mit einer Analyse der Anfangsaussage *„Nicht mache dir Schnitzgebild"*. Im hebräischen Text besteht dieser Satz aus drei Phrasen: לא תעשה־לך פסל, im Deutschen adäquat widergegeben mit *„Nicht sollst-du-machen-dir (ein) Bildnis"* (Steurer 1989, S. 442).

Vor der Betrachtung des Substantivs, das von der Zürcher Bibel mit *„Gottesbild"*, von Buber und Rosenzweig mit *„Schnitzgebild"* übersetzt wird (siehe oben), sollen die Verneinung und die Verbform analysiert werden. Hierbei handelt es sich um die grammatikalische Form des Prohibitivs. Dieser besteht

## 4.1 Auslegung der Stelle Ex 20,4: Das Bilderverbot im Dekalog

aus der Negation לא und einer sich anschließenden Präformativkonjugation-Langform (vgl. hierzu Bartelmus 2009, S. 81 ff.). „Präformativ" steht für „Vorsilbe"; Präformativkonjugationen drücken das aus, was man im Althebräischen traditionell als Imperfekt bezeichnet hatte: eine unabgeschlossene, ausstehende Handlung. Diese im Deutschen mit einer Futur-Form („Du wirst nicht ...") zu übersetzen, ist daher nicht abwegig, allerdings bezeichnen Prohibitive (von lateinisch *prohibere*, auf Deutsch etwa „behindern, verhindern, abhalten") verneinte Befehle / Verbote, sodass auch die gängige Übersetzung „Du sollst nicht ..." bzw. eine die im Urtext zuerst stehende Verneinung aufgreifende Übersetzung wie „Nicht mache dir ..." zulässig ist. Um eine textgemäße Schärfe aufzugreifen, ließe sich „Du sollst auf gar keinen Fall ..." schreiben. Das scharfe Verbot könnte ebenfalls in einer Futur-Form geschrieben werden; man denke an eine im Deutschen dem Gesprächspartner scharf zugezischte Formulierung wie: „Das wirst du nicht machen, verstanden?". Bartelmus schreibt in seinem Hebräisch-Lehrbuch zum Injunktiv, der zugehörigen nicht-verneinten Form: *„Es handelt sich also um eine positive, keinen Widerspruch duldende Nebenform der Aufforderung, die ‚stärker' ist als ein Befehl [...]"* (Bartelmus 2009, S. 84). Er fügt für den Prohibitiv das deutsche Beispiel an: *„Du gehst mir nicht ins Kino!"* (Bartelmus 2009, S. 84) – wobei es sich hierbei um ein futurisches Präsens handelt.

Was lässt sich aus den so gewonnenen Erkenntnissen schließen? Der Text formuliert ein scharfes Verbot. Es wird an der Wortwahl deutlich, dass es sich nicht nur um eine einfache Bestimmung, um ein *nur nach Möglichkeit* einzuhaltendes Gesetz handelt. Vielmehr macht die sprachliche Form deutlich, dass die Gebote des Dekalogs als äußerst wichtig anzusehen sind, dass sie sehr hoch bewertet werden. Anders formuliert: Diese Ge- bzw. Verbote sind Kernkriterien der Frage, ob das Volk den Bund hält, ob es in der Beziehung zu seinem Gott, dem NAMEN, bleibt. Sie fungieren als „Schibboleth", als charakteristisches, unterscheidendes Zeichen, an dem die Mitglieder des Bundesvolkes deutlich zu erkennen sind.

## 4 Das Bilderverbot im Alten Testament

Werner H. Schmidt formuliert ebenfalls eine in diese Richtung gehende Schlussfolgerung, auch wenn er sich vorsichtiger ausdrückt:

> Die zehn Gebote gelten für die Gruppe, die Gottes Zuspruch (Ex 3) und Hilfe (Ex 14f) erfahren hat, wie ja auch der Vorspruch „Ich bin Jahwe, dein Gott" mit dem geschichtlichen Rückverweis ausdrücklich an Gottes Befreiungstat erinnert. Die Gebote wollen also nicht die Gemeinschaft mit Gott schaffen, sondern höchstens aufrechterhalten. Durchweg negativ formuliert, können sie nicht einmal das Gottesverhältnis beschreiben, sondern nur dessen Grenze abstecken, bei deren Übertretung es gebrochen ist.
> (Schmidt 1985, S. 114)

Nun ist das auf die derart bestimmte und analysierte Verbform folgende Substantiv פסל, das zumeist mit *pæsæl*, *pesel* oder (seltener) *päsäl* in lateinische Schrift transkribiert wird, zu übersetzen. Die auf S. 62 angeführte Übersetzung von Buber und Rosenzweig, die Wortneuschöpfung *„Schnitzgebild"*, legt nahe, dass es sich hierbei um ein (aus Holz) geschnitztes Gebilde handelt. Tatsächlich lässt sich das zugehörige Verb, das bspw. in Ex 34,1 vorkommt, mit „hauen, behauen" übersetzen. An dieser Stelle (Ex 34,1) formuliert der NAME seinen Auftrag an Mose, die Steintafeln für den Dekalog herzustellen: *„Haue dir zwei Tafeln von Stein"* (Buber und Rosenzweig 1992a, S. 249). Mit dem Substantiv *pæsæl* bezeichnete Dinge sind also, so der vorläufige Befund, (aus Stein) behauene oder (aus Holz) geschnitzte Gegenstände; Produkte des menschlichen Handwerks.

Benno Jacob erläutert in seinem Kommentar zum Buch Exodus das Substantiv *pæsæl* als

> ein aus Stein behauenes oder aus Holz zurechtgeschnitztes, also durch Bearbeitung eines Materialblockes geschaffenes plastisches Bild. Mit Einem neutralen Wort läßt sich der Begriff im Deutschen nicht wiedergeben. Bild, Abbild, Nachbild umfaßt auch Gemaltes, Schnitzbild ist nur ein sol-

## 4.1 Auslegung der Stelle Ex 20,4: Das Bilderverbot im Dekalog

ches von Holz, Standbild wäre zu speziell, Statue[34] obendrein ein steifes Fremdwort.
(Jacob 1997, S. 556, Rechtschreibfehler w. dort)

Bemerkenswert ist, dass diese Sichtweise zwar in der wissenschaftlichen Fachtheologie nicht umstritten ist, dass sich jedoch in der populären Rede, bspw. in Predigten oder in populärwissenschaftlicheren theologischen Texten, eine ganz andere Bedeutung etabliert hat. Ein Exkurs soll diese andere Bedeutung betrachten, um den bisher benannten vorläufigen Befund näher ausführen zu können.

In der (zwar von Fachtheologen verfassten, aber doch eher für ein allgemeines Publikum konzipierten) Heftreihe *Reformierte Akzente* beschäftigen sich die Ausgaben Nummer 5 und 6 mit dem Thema „Bilderverbot". Heft 5 trägt den Titel *„Du sollst dir kein Bildnis machen". Von der Weisheit des Bilderverbotes.* Der Theologe Martin Filitz ist in jenem Heft mit dem Aufsatz „Nicht mache dir Schnitzgebild" vertreten. Die titelgebende Zeile ist der bereits zitierten Übersetzung von Buber und Rosenzweig entnommen. Filitz geht in seiner Deutung des Textes nun jedoch nicht näher auf geschnitztes Holz oder behauenen Stein ein, sondern kommt schnell auf andere Bedeutungen des *deutschen* Wortes „Bild" zu sprechen:

> Unsere Sprache ist ein Netzwerk[35] von Bildern, von Metaphern: kein Mensch „blüht auf" im wörtlichsten Sinn; wer hat schon einmal einen

---

34 Im heutigen Hebräisch bezeichnet *pæsæl* tatsächlich eine „Statue": Die berühmte Freiheitsstatue, die Ende des 19. Jahrhunderts auf Liberty Island im New Yorker Hafen aufgestellt wurde, heißt „Pæsæl ha chirut" (Chirut: Freiheit).

35 Dass Sprache als *„Netzwerk von Bildern"* korrekt beschrieben ist, möchte ich anzweifeln. Ein Netzwerk besteht aus Knoten, die über Kanten miteinander verbunden sind, wodurch sich Maschen ergeben. Ein Netzwerk ist mathemathisch beschreibbar und verfügt über Mechanismen zur Organisation. Sprache hingegen folgt einer nicht beliebigen, mehr oder weniger starren Syntax, durch die die Bedeutungseinheiten (Wörter, Phrasen) *linear* und in einer Regeln folgenden Anordnung verbunden werden. Dies ist mit dem Netzwerk-Begriff schlecht umrissen. Das, was der Autor hingegen sagen möchte, nämlich dass Sprache (zumindest *unsere* Sprache) reich an Bildern und Metaphern ist, ist eine triviale Erkenntnis.

## 4 Das Bilderverbot im Alten Testament

„gerissenen Geduldsfaden" gesehen?
(Filitz 2002, S. 17)

Filitz geht hier einen durchaus nicht unüblichen Weg, indem er „Bild" nicht auf „Schnitzgebild", „Statue", „Skulptur" bezieht, sondern auf „Vorstellung", „Metapher", „Sinnbild". Offenbar handelt es sich bei der Frage, wie das „Bild" im Bilderverbot verstanden werden muss, um den Schlüssel zum Text, um die Stelle, deren Klärung die Gesamtdeutung des Abschnitts bestimmt. Dies sieht auch Dohmen in seiner Dissertation zum Bilderverbot:

> [Man erkennt] folglich schnell, daß die Notwendigkeit einer definitorischen Festlegung des Bildbegriffes im Mittelpunkt jedes Lösungs- und Erklärungsversuches stehen muß [...].
> (Dohmen 1985, S. 20)

Im zweiten der o. g. Sammelbände aus der Heftreihe *Reformierte Akzente* schreibt Manfred Josuttis über „Das biblische Bilderverbot und die ‚Bilderverehrung' in der kirchlichen Gegenwart". Der Aufsatz beginnt mit der Feststellung: „*Menschen sind Bildermacher*" (Josuttis 2002, S. 43). Und man kann den Überschriften der Unterabschnitte in Abschnitt 2 entnehmen, an welche Bilder er denkt: „*Gottesbilder*", „*Menschenbilder*", „*Leitbilder für Kirche und Gemeinde*", „*Pfarrerbilder*" (Josuttis 2002, S. 48, 49, 51, 52). Man muss den Aufsatz nicht gelesen haben, um sich sicher zu sein, dass Josuttis hier nicht von Pastorenfotos spricht, sondern ebenfalls von Gedankenbildern, Vorstellungen.

Eine derartige Bedeutung des Wortes „Gottesbild" konnte man auch in einer Sendung der Reihe „Das Wort zum Sonntag" (2014) entnehmen:

> „*Du sollst dir kein Bildnis machen*", heißt das alte Gebot.
> Wie aber dann überhaupt von Gott reden? Es geht nur in *vielen* Bildern. Die Bibel nennt Gott Licht, Fels, Burg, Vater, Mutter, Auge, Sonne, Feuer, Quelle, Hirte ... Aber keines dieser Bilder kann den unverfügbaren Gott fassen. Sie sind nur Annäherungen. Puzzleteile vielleicht. Doch auch alle

## 4.1 Auslegung der Stelle Ex 20,4: Das Bilderverbot im Dekalog

zusammen bilden den lebendigen Gott niemals ab.
(Buß 2014, Herv. w. dort)

Das letztgenannte Zitat offenbart zudem noch einen anderen Aspekt, der geläufig ist. Buß spricht dort von „Gott" – und meint damit ganz offensichtlich den Gott Israels, der in dieser Ausarbeitung als NAME bezeichnet wird. Er ist offenbar der Ansicht – und damit steht er nicht alleine –, dass das Bilderverbot lautet: „Nicht mache dir eine Vorstellung vom Gott Israels, vom NAMEN".

Dass der NAME für die biblischen Autoren kein Gott unter vielen, sondern ein besonderer Gott ist, der vom Wesen her anders ist als alle anderen Götter, muss nicht diskutiert werden. Der biblische Befund hierzu ist eindeutig. Dass man sich diesen besonderen, andersartigen Gott nicht vorstellen kann und dass er nicht abbildbar ist, da jede Abbildung eine reduzierende Festlegung auf einen oder wenige Aspekte seines Wesens bedeuten würde, ist ebenfalls sicherlich Bestandteil alttestamentlichen Denkens – dies zu leugnen, wäre zumindest ohne eine weitergehende Untersuchung unredlich. Es ist auch durchaus plausibel, wenn man annimmt, dass solche Aspekte *Bestandteil* des Bilderverbots sind. Sich jedoch auf diesen Aspekt zu kaprizieren, raubt dem Bilderverbot seinen eigentlichen Clou.

Schärfer noch formuliert Crüsemann, wenn er festhält,

> daß das Bilderverbot die große Fülle *sprachlicher Bilder* für Gott und sein Handeln, die das Alte Testament enthält [...], nicht nur nicht mitmeinte und also verbot, sondern daß sie der Sache nach gerade mit dieser Vorstellung eines abbildlosen Gottes zusammenhängen.
> (Crüsemann 1993, S. 48, Herv. w. dort; der Ehrlichkeit halber muss benannt werden, dass auch Crüsemann, ähnlich wie oben Buß, das Bilderverbot auf Statuen vom NAMEN bezieht (vgl. dort S. 47), nicht bspw. auf Fremdgötterstatuen. Seine hier zitierte Feststellung lässt sich jedoch unabhängig davon übernehmen.)

Auch ohne abschließend geklärt zu haben, ob sich das Bilderverbot im bisher betrachteten Abschnitt auf Statuen, Bilder, Skulpturen bezieht, die den NAMEN

# 4 Das Bilderverbot im Alten Testament

abbilden wollen, lässt sich mit Dohmen der bisher erarbeitete Stand zusammenfassen:

> „In der jüngeren Forschung scheint nun ein Konsens darüber erreicht worden zu sein, daß sich das Bilderverbot auf konkrete, materiell hergestellte Skulpturen u. ä. bezieht, die als Kultobjekte fungieren, so daß einerseits kein allgemeines Kunstverbot im AT grundgelegt wird und andererseits die von unserem Sprachgebrauch her vollzogene Kombination von plastischer Darstellung und geistiger Vorstellung beim Begriff Bild nicht im Blickfeld des Verbots liegt."
> (Dohmen 1985, S. 22)

Wie diese große Diskrepanz zwischen wissenschaftlichem Befund und der populärwissenschaftlichen Rede (immerhin von Theologen, also von Fachleuten) zu erklären ist, wäre Thema einer gesonderten Betrachtung. Für die Fragestellung dieser Ausarbeitung ist lediglich die bereits genannte abschließende Feststellung relevant: Das Bilderverbot bezieht sich auf handwerklich hergestellte Skulpturen oder Statuen, auf plastische Gegenstände also, nicht auf Vorstellungen oder Sprachbilder.

Im weiteren Verlauf von Ex 20,4 wird dann das Bilderverbot noch erweitert. Es ist von Abbildern dessen die Rede, *„was oben im Himmel, was unten auf der Erde oder was im Wasser unter der Erde ist"* (Zürcher Bibel 2007, S. 102). Ganz offensichtlich wird hier die Tierwelt umrissen, die als „Motiv" für Statuen und Skulpturen infrage kommt:

> Im Himmel oben – auf der Erde unten – im Wasser unter der Erde ist nicht, wie man gewöhnlich annimmt, eine von der gewöhnlichen Teilung: Himmel – Erde abweichende (»ältere«) Gliederung des Weltalls, sondern erscheint dann angemessen, wenn es sich [...] um die verschiedenen *Lebensräume oder Geschöpfe* handelt, die nach ihnen heißen: die Vögel des Himmels, die Tiere der Erde, die Fische des Meeres [...].
> (Jacob 1997, S. 556, Herv. w. dort)

## 4.1 Auslegung der Stelle Ex 20,4: Das Bilderverbot im Dekalog

Verboten wird also vor allem in diesem Abschnitt nicht explizit, den NAMEN abzubilden, sondern vielmehr, Statuen und Skulpturen herzustellen, die wie Tiere[36] aussehen.[37]

Somit wäre Vers 4 des 20. Kapitels im Exodus-Buch abgehandelt. In Vers 5 folgen erneut zwei Anweisungen: *„Du sollst dich nicht niederwerfen vor ihnen und ihnen nicht dienen [...]"* (Zürcher Bibel 2007, S. 102 f.). Beide Verben stehen wieder in der Form des Prohibitivs, bezeichnen also, wie oben erarbeitet, ein scharfes Verbot.

Mit dem Verb „niederwerfen" meint der Text tatsächlich *„das vollständige Niederwerfen mit dem Angesicht auf die Erde, also die restlose Aufgabe der »Selbständigkeit« und die vollkommene Unterwerfung zu Gehorsam und Dienst"* (Jacob 1997, S. 560).

Doch gerade das zweite Wort, das Verb „dienen", bedarf einer näheren Betrachtung, um zu ermitteln, was aus seinem Auftauchen an dieser Stelle für das Verständnis des Bilderverbots folgt. Die Wurzel עבד (ʿāvad), die diesem Verb zugrunde liegt, taucht noch an vielen anderen Stellen auf, u. a. in direkter Nähe zum Bilderverbot, nämlich in der Selbstvorstellung des NAMENS zu Beginn

---

36 Ob der Mensch zu diesen Tieren zu zählen ist, müsste in einer sich anschließenden Untersuchung geklärt werden. Da im ersten Schöpferungsbericht (Gen 1,1–2,4) die Erschaffung der Tierwelt und die Erschaffung des Menschen voneinander getrennt sind, lässt sich zunächst vermuten, dass der Mensch auch hier im Bilderverbot kein Bestandteil der Tierwelt ist.

37 Im zweiten Band der Reihe *Die Tora. In jüdischer Auslegung* findet sich der Hinweis, mit dem Verweis auf das, was sich „oben im Himmel" befindet, könnten Himmelskörper gemeint sein (Plaut 2000, S. 210). Das Anbeten von Himmelskörpern zu kritisieren, wäre nicht ungewöhnlich im Alten Testament. Eine etwas verklausulierte, aber trotzdem deutliche Kritik daran, die Himmelskörper als Götter anzusehen, liefert der erste Schöpfungsbericht, mit dem sich Unterabschnitt 4.2.3 dieser Ausarbeitung unter einer anderen Fragestellung beschäftigen wird. Es wird dort in Gen 1,14–18 beschrieben, wie Gott (und obwohl das Tetragramm in jenem Schöpfungsbericht nicht auftaucht, ist klar, dass mit diesem Gott der NAME gemeint ist) *„die zwei grossen Lichter"* (Gen 1,16, nach: Zürcher Bibel 2007, S. 7) schafft und sie *„an die Feste des Himmels"* (Gen 1,17, nach: Zürcher Bibel 2007, S. 7) setzt. Dies kann als Kritik daran gelesen werden, Sonne und Mond als Götter anzusehen und anzubeten. Der Text steht dort also *„in anti-babylonischer Funktion: zur Entmythisierung der mit Gottheiten verbundenen Gestirne"* (Soggin 1997, S. 38), und möchte offenbar mitteilen: „Nein, das sind keine Götter. Das sind nur Himmelsleuchten. Und *unser* Gott hat sie gemacht!".

## 4 Das Bilderverbot im Alten Testament

des Dekalogs (Ex 20,2), in der Ägypten als „Knechtschaft", als das „Haus der *Dienst*barkeit" benannt wird. Dort ist also der Dienst am Pharao gemeint. Doch auch der Dienst am NAMEN wird mit diesem Wort bezeichnet, so bspw. in Ex 3,12: „*an diesem Berg werdet ihr Gotte dienstbar*" (Buber und Rosenzweig 1992a, S. 158).

Im wissenschaftlichen Bibellexikon im Internet (WiBiLex) findet sich ein eigener Artikel zu diesem Wort, er trägt das Lemma „Dienen / Diener (AT)" (Rohde 2013). Der Artikel unterteilt sich in zwei Hauptbereiche: „Zwischenmenschliches dienen" (darunter fallen im Artikel „*Dienen in familiären Beziehungen*" und „*Dienen in rechtlich-politischen Beziehungen*") sowie „*Religiöses dienen*" (mit den Unterpunkten „*Gott bzw. anderen Göttern dienen*" und „*Diener Jahwes*"). Hierbei fällt auf, dass eine für uns selbstverständliche Systematisierung in gesellschaftliche Teilsysteme (Religion, Recht, Politik) unreflektiert auf Gesellschaften zu biblischen Zeiten[38] angewendet wird. Es kann bestritten werden, dass es diese Aufteilung in Systeme im Sinne einer heutigen Systemtheorie zur damaligen Zeit schon gegeben hat bzw. dass die Anwendung einer solchen Aufteilung in einer rückblickenden Betrachtung sinnvoll ist. Vielmehr muss es ein Anliegen sein, ein Gemeinsames in all jenen Verwendungszusammenhängen des Wortes herauszuarbeiten, möchte man den damaligen Gesellschaften zumindest ansatzweise gerecht werden.[39] Dürften „die Alten" Schwierigkeiten gehabt haben, aus dem religiösen Zusammenhang herauszutreten, so haben wir heute (bzw. hatten schon die Menschen zu Zeiten Marx') Schwierigkeiten, aus dem Zusammenhang der warenproduzierenden Gesellschaft herauszutre-

---

38 Ich gestatte mir an dieser Stelle eine solch unpräzise Formulierung, wohlwissend, dass es auch zwischen bspw. der vorexilischen Gesellschaft und der neutestamentlichen Zeit unter römischer Herrschaft bereits erhebliche Unterschiede gibt.

39 Diese Vorgehensweise ist jedoch typisch. Angelika Berlejung bspw. spricht in ihrem Aufsatz „Geheimnis und Ereignis" über die „*Funktionen und Aufgaben, die den Figuren [gemeint sind hier Kultbilder, Anm. A.H.] in ihrem religiösen Kontext zukamen [...]*" (Berlejung 1998a, S. 109). Sie übersieht dabei, dass der „*religiöse*" Kontext zur damaligen Zeit immer auch etwas war, was man heute *gesellschaftlichen* oder *sozialen* Kontext nennen würde. Um Aussagen zur *gesellschaftlichen* Funktion der Kultbilder zu finden, muss man in jenem Aufsatz (ebenso wie in vielen anderen Quellen) dann auch mühsam suchen.

## 4.1 Auslegung der Stelle Ex 20,4: Das Bilderverbot im Dekalog

ten, *„denn wo immer wir hintreten, ist Markt"* (Anders 1980, S. 311). Die Frage lautet also: Was ist das gleichbleibende Kernelement dieses Wortes „dienen" (bzw. der diesem Verb zugrundeliegenden Wurzel)?

Ganz offenbar tauchen aus dieser Wurzel bestehende Wörter vielfach an Stellen auf, in denen Menschen (Einzelpersonen wie bspw. Hiob, aber auch Menschengruppen wie das Volk Israel) einer übergeordneten Macht folgen, in denen sie treuer Knecht und Anhänger einer gesellschaftlichem Macht sind. Diese Macht kann der NAME sein, aber auch ein anderer Gott oder der Pharao, der ägyptischen Gottkönig. Dass sich der Mensch treu in das Abhängigkeitsverhältnis begibt, wird dabei also stets mit dem gleichen Wort belegt; der Mensch dient, ist Diener (Knecht), ist einem Herrscher dienstbar, ...

Geht es also im Bilderverbot letztendlich um eine Erweiterung des direkt vor dem Bilderverbot in Ex 20,3 bzw. Dtn 5,7 stehenden Verbots, anderen Göttern zu dienen?

Aufklärung liefert hier die ältere Dtn-Fassung des Bilderverbots, denn diese bezieht das Bilderverbot in das Fremdgötterverbot mit ein:[40]

> Die Deut-Fassung liest das Bilderverbot als „Spezialfall" des Fremdgötterverbotes, nicht als eigenes Gebot [...].[41]
> (Dohmen 1985, S. 216)

Die Schemazeichnung zum Verständnis der entsprechenden Passagen des Dekalogs, die Werner H. Schmidt anbietet, visualisiert diese Zuordnung (allerdings bezieht Schmidt sich hier auf die Ex-Stelle):

---

[40] Die Frage, ob der Plural im *„neige dich ihnen nicht, diene ihnen nicht"* bereits deutlich macht, dass sich diese Weisung auf das Fremdgötterverbot bezieht, da das *„Schnitzgebild"* im Singular steht, bleibt an dieser Stelle unbetrachtet. Die oben angeführten deutschen Übersetzungen zeigen, dass sich durchaus Formulierungen finden lassen, die mit dem vorhandenen Vokabular diese Verwendung des Plurals sinnvoll machen.

[41] Dass sich hieran für die Dtn-Fassung zeigt, *„dass ihre Bewertung des Bildes eine andere ist als die der Ex-Fassung"*, und ob daraus tatsächlich *„die Eigenständigkeit beider Fassungen"* (Dohmen 1985, S. 216) folgt, wie Dohmen schreibt, würde ich bestreiten.

## 4 Das Bilderverbot im Alten Testament

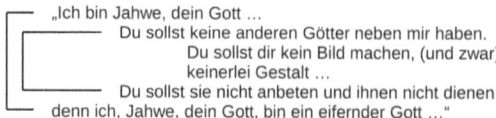

**Abbildung 4.1:** Schematische Gliederung von Ex 20, 2–6 nach W. H. Schmidt (Schmidt 1993, S. 65)

Was jedoch würde es bedeuten, anderen Göttern zu dienen? In Babylon – und vergleichbar in Ägypten – hingen die Erträge der Landwirtschaft ab vom Funktionieren der Bewässerungskanäle, deren Ausbau und Instandhaltung Aufgabe der Priesterfürsten als den Vertretern Gottes war, die daher auch über das Ackerland verfügten. In Assyrien – und ebenso im nordöstlichen Mittelmeerraum bis nach Israel – erfolgte die Bewässerung durch den Regen. Hier hatten die Bauernfamilien ihr eigenes Land. Etwa ab Mitte des 2. Jahrtausends vor Christus lässt sich aber eine zunehmende Veränderung feststellen, nämlich ein Übergang des Landbesitzes auf den Adel. *„Viele freie Bauern wurden zu Abhängigen"* (Hrouda 2002, S. 65). Dies ist auch in neutestamentlicher Zeit noch akut. Stegemann und Stegemann stellen fest, im gesellschaftlichen Zentrum stehe

> [...] durchgehend – wie in allen vergleichbaren Gesellschaften der Antike – der *Antagonismus zwischen einer kleinen Minderheit der den Surplus abschöpfenden Mitglieder der herrschenden Elite und deren Gefolgsleute in Verwaltung und Militär einerseits und der großen Mehrheit der diesen Reichtum erwirtschaftenden Angehörigen der beherrschten Massen andererseits.*
> (Stegemann und Stegemann 1997, S. 97, Herv. w. dort)

Die große Mehrheit der Landbevölkerung konnte mit dem auf ihrem Land Erwirtschafteten geradeso überleben, war jedoch ständig durch geringere Ernten vom Hunger bedroht. Hinzu kam die starke Belastung durch Abgaben an den König und den Tempel, was beides leicht zu einer Überschuldung führen konn-

## 4.1 Auslegung der Stelle Ex 20,4: Das Bilderverbot im Dekalog

te, die den Verlust des Landes bedeutete und damit den Abstieg vieler zu Pächtern oder Tagelöhnern oder gar in Schuldhaft oder Schuldsklaverei (vgl. Gen 47,13-21).

Dieses „*ökonomisch-rechtlich-politisch-religiöse System*"[42] (Pauly 1995, S. 198), für das im Neuen Testament der Gottesname „Mammon" steht, wird durch die Fremd-Götter abgesichert. Die zugehörigen Götterstatuen, die Kultbilder, vermittelten, insbesondere wenn sie bei den regelmäßigen Prozessionen durch die Stadt getragen wurden, die

> Bestätigung der Gegenwart der jeweiligen Götter, die Land und Leuten versicherte, daß die etablierte Ordnung und die vorgestellte Führungselite gesegnet war und bewahrt wurde.
> (Berlejung 1998a, S. 134)

Für diese Un-Ordnung stehen die Götter, nicht aber der NAME, der Gott Israels, der die Landverteilung an die freien Bauern garantiert (und sei es durch eine Wiederherstellung der Verhältnisse im Jobeljahr). In Lev 25,39–43 heißt es:

> Und wenn dein Bruder neben dir verarmt und sich dir verkaufen muss, sollst du ihn nicht als Sklaven arbeiten lassen. Wie ein Tagelöhner, wie ein Beisasse soll er bei dir sein, bis zum Jobeljahr soll er bei dir arbeiten. Dann soll er frei werden, er und mit ihm seine Kinder, und er soll zu seiner Sippe zurückkehren und wieder zum Besitz seiner Vorfahren kommen. Denn meine Sklaven sind sie, die ich herausgeführt habe aus dem Land Ägypten. Sie sollen nicht verkauft werden, wie man einen Sklaven verkauft. Du sollst nicht mit Gewalt über ihn herrschen, sondern sollst dich fürchten vor deinem Gott.
> (Zürcher Bibel 2007, S. 171)

Ist das Wort für den Dienst, für das Dienen auch dasselbe, so unterscheidet sich der Dienst doch inhaltlich durch das „Regierungsprogramm" der Macht, der man dient. Dient man dem Pharao, so bedeutet dies: Sklaverei. Und es bedeutet:

---

42 Mit diesem Wortungetüm lässt sich die bereits genannte These aufgreifen, dass eine Aufteilung in Teilsysteme für die damalige Zeit unzulässig ist.

# 4 Das Bilderverbot im Alten Testament

Man dient dann (und ebenso, wenn man fremden, abbildbaren Göttern dient) nicht dem NAMEN. Doch nur der Dienst am NAMEN bedeutet Befreiung.

Die Herstellung von geschnitzten oder gehauenen Bildern also führt, da man nicht wissen kann, wie der NAME, der Gott Israels, aussieht, und da dieser besondere Gott nicht abbildbar ist, dazu, dass man sich zwangsläufig einen *fremden* Gott schnitzt oder haut, und dass man dadurch die o. g. Un-Ordnung selber macht, und dann von ihm / von ihr beherrscht wird.

Somit ist auch der erste Teil des Verses Ex 20,5 erläutert. Die Verse 5b und 6, in denen der NAME sich als ein eifersüchtiger Gott beschreibt und in denen er sowohl auf die Strafe bei Fehlverhalten als auch auf die positive Folge eines treuen Verhaltens eingeht, tragen für die Zielsetzung dieser Ausarbeitung nichts mehr aus. Als vorläufiges Ergebnis der Auslegung kann daher festgehalten werden: Im alttestamentlichen Bilderverbot wird dem Volk Israel in scharfer Form verboten, Statuen zu schnitzen, zu hauen oder sonstwie herzustellen, und diesen dann zu dienen wie einem fremden Gott. Benno Jacob schreibt:

> Ein kultisch verehrtes Bild ist ein fremder Gott, der dich dem wahren, lebendigen, seinem Wesen und seiner Rettungstat entfremdet, so daß du seinen Bund gebrochen hättest [...].
> (Jacob 1997, S. 560)

Mit „*Rettungstat*" ist hier die Befreiung aus der Sklaverei in Ägypten gemeint.

## 4.2 Analyse weiterer exemplarischer Bibelstellen

Zum Verständnis des Bilderverbots, wie es in den beiden angesprochenen Dekalog-Fassungen vorkommt, ist es hilfreich, sich weitere alttestamentliche Bibelstellen anzusehen, in denen die Bild-Thematik behandelt wird. Für „Bild" im Sinne von *pæsæl* (Statue, Schnitzgebild) sind dies im Rahmen dieser Ausarbeitung 2 Kön 22,1–23,30 sowie Jes 44,8b–21. In der erstgenannten Stelle geht es um den Umgang mit Götterstatuen zur Zeit des Königs Josia, während

## 4.2 Analyse weiterer exemplarischer Bibelstellen

die letztgenannte Stelle eine Spottrede an jene Menschen enthält, die aus Holz Götterstatuen schnitzen und jene dann anbeten.

Als weitere alttestamentliche Bibelstelle wird im Anschluss daran Gen 1,1–2,4 betrachtet; hier kommt zumindest in vielen deutschen Übersetzungen das Wort „Bild" vor, wenn es um die Gottebenbildlichkeit geht. Ob es hier einen Zusammenhang zum Bilderverbot gibt, wie ihn die deutsche Wortgleichheit vermuten lässt, soll in jenem Unterabschnitt aufgeklärt werden.

Naheliegend wäre es gewesen, an dieser Stelle auch die Erzählung vom „goldenen Kalb" (Ex 32; die Erzählung umfasst die gesamten 35 Verse des Kapitels) in einem eigenen Unterabschnitt zu betrachten, da an jener Stelle ausführlich von einer Bild-Herstellung des Bundesvolkes, also von einer Übertretung des Bilderverbots, die Rede ist. Hierbei hätten interessante Fragen zum Vorschein kommen können, wie bspw. die, ob solche Tierbilder in der Bundes-Geschichte zwischen dem NAMEN und Israel als Reittier, als Postament oder „Präsenzmarker" für den NAMEN fungiert haben, um die Anwesenheit des unsichtbaren Gottes aufzuzeigen. Trotzdem wird dieser Textabschnitt in der vorliegenden Ausarbeitung nicht thematisiert, da die beiden genannten Textstellen (aus 2 Kön 22–23 sowie aus Jes 44) besser geeignet sind, die für die Fragestellung dieser Ausarbeitung relevanten Aspekte herauszuarbeiten. Die Untersuchung einer weiteren Textstelle würde den Rahmen sprengen.

Was jener Text jedoch bestätigt, soviel kann an dieser Stelle ausgesagt werden, ist die auf S. 65 dieser Ausarbeitung aufgestellte These, dass ein Brechen des Bilderverbots mit der Überschreitung einer Grenze gleichzusetzen ist, der Grenze des Gottesverhältnisses, des Bundes zwischen dem NAMEN und dem Volk Israel. In Vers 26 des Kapitels tritt Mose in das Tor des Lagers (an jenen Ort also, an dem Recht gesprochen bzw. Gericht gehalten wird) und ruft diejenigen zu sich, die *„für den* HERRN" sind (Zürcher Bibel 2007, S. 121). Diese Personen, die also „für den NAMEN" sind, also: sich dem Bund zugehörig fühlten, die ihn aber trotzdem durch die Herstellung des goldenen Kalbes übertreten haben, werden mit einer Strafe belegt. So sterben in Ex 32,27–28 "*dreitausend Mann*" (Zürcher Bibel 2007, S. 121), woraufhin in Ex 32,33 der Name zu Mose spricht: "*Wer gegen mich gesündigt hat, den tilge ich aus meinem Buch*" (Zürcher Bibel 2007, S. 122).

### 4.2.1 Betrachtung der Stelle 2 Kön 22,1–23,30: Das Zerschlagen der Götterstatuen zerschlägt die Götter

Um nun zur Auslegung des Bilderverbots des Dekalogs weitere Aspekte hinzufügen zu können, wird zunächst ein Blick in das zweite Buch der Könige geworfen. In den Kapiteln 22 und 23 (bis Vers 30) des Buches wird der König Josia von Juda vorgestellt; sein Leben, seine Amtszeit werden beschrieben.

Zur Historizität und zur genauen Einordnung des Textabschnittes bietet die Forschungslage vielfältige Aussagen und Deutungsmöglichkeiten. Ging man zunächst lange Zeit davon aus, das im Textabschnitt benannte „Bundesbuch" sei eine Frühform des Deuteronomiums, des fünften Buches Mose, so wird all dies heute mit starken Argumenten bezweifelt (vgl. hierzu bspw. Pietsch 2013, S. 1–23, dagegen: Crüsemann 1993, S. 26). Nun sollte man innerhalb einer Ausarbeitung nach Möglichkeit bei einer Datierungsthese bleiben und nicht gegensätzliche, widersprüchliche Datierungsthesen mischen. Aufgrund der im vorangegangenen Unterkapitel benannten Datierung des Dekalogs in die späte vorexilische Zeit *vor* Josia ist der hier nun zu betrachtende Textabschnitt daher als *jünger* anzusehen. Was auch immer im „Bundesbuch" geschrieben stand – es kann davon ausgegangen werden, dass Josia das Bilderverbot des Dekalogs kannte. Wann genau der Bericht über seine Amtszeit verfasst wurde (und ob jene überhaupt in dieser Form historisch war) ist dann zwar nicht gleichgültig, aber durchaus als nachrangig anzusehen.

Josia ist, so die Schilderung, dem Namen so treu wie kein anderer König, der jemals im Bundesvolk existierte. Im Gegensatz zu David und Salomo (welche einem sicherlich als erste einfallen, wenn es um „treue" Könige geht) fällt

## 4.2 Analyse weiterer exemplarischer Bibelstellen

er an keiner Stelle vom Bund ab. Es heißt gleich zu Beginn dieses Textabschnittes:

> Und er tat, was recht war in den Augen des HERRN: Er ging ganz auf dem Weg Davids[43], seines Vorfahren, und er wich nicht davon ab, weder nach rechts noch nach links.
> (2 Kön 22,2, nach: Zürcher Bibel 2007, S. 527 f.)

Und gegen Ende erfahren wir:

> Und kein König vor ihm war ihm gleich, ihm, der zurückgekehrt ist zum HERRN von seinem ganzen Herzen, von seiner ganzen Seele und mit all seiner Kraft, ganz nach der Weisung des Mose, und auch nach ihm ist keiner aufgetreten, der ihm gleich gewesen wäre.
> (2 Kön 23,25, nach: Zürcher Bibel 2007, S. 531.)

Die Vermutung liegt nahe, dass sich in der Darstellung dieses Königs, der sich stets als treuer Diener des NAMENS erwiesen hat, Aspekte finden lassen, die bei der Auslegung anderer alttestamentlicher Stellen eine Hilfe sein können. Tatsächlich ist dies für das Bilderverbot der Fall, denn in den genannten Kapiteln wird in mehreren Passagen beschrieben, wie Josia mit Götterstatuen umgeht. Bevor dies thematisiert wird, ist im Text von einem Bundesschluss die Rede:

> Und der König stellte sich auf das Podest, und vor dem HERRN schloss er den Bund, dem HERRN zu folgen und seine Gebote, seine Ordnungen und seine Satzungen zu halten mit ganzem Herzen und von ganzer Seele, und die Worte dieses Bundes in Kraft zu setzen, die in diesem Buch geschrieben standen. Und das ganze Volk trat dem Bund bei.
> (2 Kön 23,3, nach: Zürcher Bibel 2007, S. 529)

Im Anschluss an diesen Bundesschluss geht Josia gegen den Fremdgötterkult im eigenen Land vor:

> Und der König gebot [...], aus dem Tempel des HERRN alle Geräte hinauszuschaffen, die gemacht worden waren für den Baal und für die Asche-

---

[43] Mit diesem „Weg" wird die Phase beschrieben, in der König David treu war, nicht seine Verfehlungen.

## 4 Das Bilderverbot im Alten Testament

ra und für das ganze Heer des Himmels. Dann verbrannte er sie ausserhalb von Jerusalem, auf den Feldern am Kidron, und ihre Asche brachte er nach Bet-El.
(2 Kön 23,4, nach: Zürcher Bibel 2007, S. 529)

Und die Aschera schaffte er aus dem Haus des HERRN, heraus aus Jerusalem, ins Kidrontal, und im Kidrontal verbrannte er sie und zermalmte sie zu Staub [...].
(2 Kön 23,6, nach: Zürcher Bibel 2007, S. 529)

In diesem Stile fährt der Text fort. Es werden Altäre abgerissen und zerschlagen, die Priester, die den Götterstatuen gedient hatten, werden getötet, werden regelrecht abgeschlachtet.

Der König, der als der treueste und geradlinigste von allen vorgestellt wird, der König, der nicht vom Weg des NAMENS abwich, ist also ein Schlächter und Statuenvernichter. Hieran lässt sich erneut belegen, welch einen hohen Stellenwert das Bilderverbot hat. Hier wurde kein beliebiges, nebensächliches Gesetz übertreten, sondern eines, das zum Kern des Bundesverhältnisses zwischen dem NAMEN und seinem Volk gehört: Auf die Erneuerung des Bundesschlusses folgt unmittelbar die Reform des Josia, die kultische Reinigung von allen Götterstatuen.

Nun wird in jenem Text die Vernichtung der Bilder, der Baal- und Aschera-Statuen allerdings derart ausführlich und in einer sehr martialischen Schilderung beschrieben, dass der Gedanke naheliegt, es solle sich hierbei um mehr handeln als um den bloßen Hinweis, dass Götterbilder, dass Statuen *entfernt* wurden.

Was für ein weiterer Aspekt könnte mitgedacht, könnte mit dieser Form der Darstellung gemeint sein?

Der in Kapitel 4.1 angesprochene Band 5 der Schriftreihe *reformierte akzente* enthält auch einen Aufsatz von Georg Plasger, Professor für systematische Theologie an der Universität Siegen. Plasger arbeitet dort in einer Auseinandersetzung mit dem Religionsverständnis Karl Barths heraus, dass Gottesbil-

## 4.2 Analyse weiterer exemplarischer Bibelstellen

der keine Abbildungen Gottes sind, sondern stets nur eigene Projektionen des Menschen. Zu diesen Projektionen bemerkt er: Die *„größte Gefahr ist es, dass der Mensch diese Projektionen mit Gott selber verwechselt"* (Plasger 2002, S. 55). Und er benennt, dass das Bilderverbot eine Hilfe sein kann, *„dieser Verwechslung zu entgehen"* (Plasger 2002, S. 55).

Ich überinterpretiere Plasger hier bewusst und denke seinen Gedanken weiter, überspitze ihn: Es wird von den alttestamentlichen Autoren die Gefahr gesehen, dass der Mensch das Schnitzgebild mit Gott verwechselt, dass er nicht mehr zu trennen vermag zwischen Bild und Abgebildetem, dass dem Bild, dass der Statue nicht einfach nur gedient wird *wie einem Gott*, sondern dass es (das Bild) bzw. sie (die Statue) *selbst zum Gott wird*. Die Verwendung eines Bildes birgt immer die Gefahr der Anbetung des Bildes selbst, der rituellen Verselbständigung und Sakralisierung des Gegenstandes in sich. Der Gebotsabschnitt *und diene ihnen nicht* hatte bereits in eine ähnliche Richtung gedeutet.

Bezogen auf den Textabschnitt zum König Josia im zweiten Buch der Könige bedeutet dies: Es geht hier nicht darum, lediglich ein bloßes Verbot durchzusetzen, indem die Bilder entfernt werden, sodass sie nicht mehr als Kultgegenstände verwendet werden. Nein, die Bilder *müssen* martialisch vernichtet, müssen vollständig zerstört werden, am besten mit dem Feuer, denn so, auf diese Weise, tötet man aus der Sicht der Fremdgötterdiener auch die Fremdgötter selbst, die man mit den Bildern längst gleichgesetzt hat. (Was zumindest passiert, ist ein „Tilgen der Erinnerung": Dadurch, dass sowohl die Fremdgötter-Statuen als auch die Fremdgötter-Priester vernichtet werden, wird jegliche Form der Erinnerung an den Fremdgötterkult ausgelöscht. Hierdurch geraten die Fremdgötter in Vergessenheit – und „sterben" dadurch, denn Götter, an die sich niemand erinnert, die niemand kennt und denen niemand dient, sind keine Götter.)

Was bei einer solchen Gleichsetzung passiert, ist, mit Fachbegriffen der Semiotik ausgedrückt, eine Gleichsetzung von Signifikant (das Abbild; Statue) und Signifikat (das Abgebildete; Gott) (vgl. zu diesen Begrifflichkeiten Volli 2002, S. 21 ff.). Abbildung 4.2 soll dies verdeutlichen. Sind Signifikant und

# 4 Das Bilderverbot im Alten Testament

Signifikat zunächst sowohl „räumlich" (Gott im Himmel, die Statue auf der Erde) als auch inhaltlich voneinander getrennt, so wird der Gott, dessen Bild man anbetet, dessen Statue man dient, in das Bild hineingezogen. Durch diese Praxis wird das Bild dann als Gott selbst identifiziert; Bild und Gott sind gleichgesetzt.

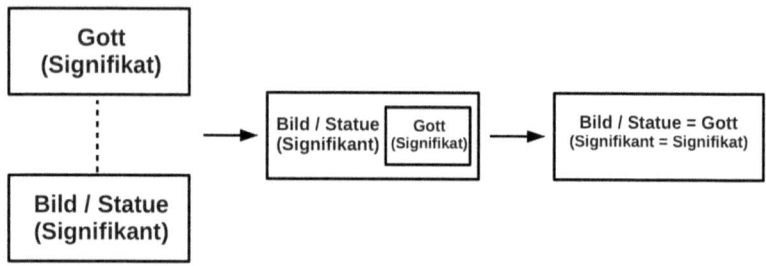

**Abbildung 4.2:** Schematische Darstellung des „Verschwimmens" bzw. des Gleichsetzens von Statue und Gott unter Zuhilfenahme semiotischer Fachtermina

Der in der Betrachtung des Bilderverbots im Dekalog erarbeiteten Deutung kann somit der Aspekt hinzugefügt werden, dass die Existenz von Bildern, von Götterstatuen, immer mit der Gefahr einhergeht (mindestens mit der Gefahr!), dass Bild und Gott gleichgesetzt werden, sodass der Gott durch das Zerschlagen der Statuen „eliminierbar" wird.

## 4.2.2 Betrachtung der Stelle Jes 44,8b–21: Eine Spottrede auf die Bild-Schnitzer

Im Kapitel 3 (s. Seite 37) war angedeutet worden, dass die Kritikform Feuerbachs und Marx' bereits in der Bibel auftaucht, genauer: im alttestamentlichen Buch des Propheten Jesaja. Dieses Buch wird keinem einheitlichen Verfasser zugeschrieben, sondern in der Forschung unterteilt in drei Abschnitte: Als „Protojesaja" werden die Kapitel 1 bis 39 bezeichnet. Sie werden (abgesehen von

## 4.2 Analyse weiterer exemplarischer Bibelstellen

einigen späteren Zusätzen) dem Propheten Jesaja ben Amoz zugeschrieben, der im 8. Jahrhundert v. Chr. lebte. „Deuterojesaja" ist die Bezeichnung der Kapitel 40 bis 55. Dieser Textteil wird als spätexilisch datiert. *„Die Zeit des Wirkens Deuterojesajas ist mit Sicherheit zu bestimmen: nach der Zerstörung Jerusalems 587 und vor dem Sturz des babylonischen Reiches 539. Alles spricht dafür, daß es gegen Ende dieses Zeitraum anzusetzen ist, wahrscheinlich nach 550, als der Siegeszug des Kyros begann"* (Westermann 1966, S. 7). Im Anschluss an Deuterojesaja folgt noch ein „Tritojesaja" genannter Text in den Kapiteln 56 bis 66.

Mit dem o. g. Hinweis in Kapitel 3 sollte ein Bezug zum mittleren Teil, zu Deuterojesaja hergestellt werden, genauer: zu einer Spottrede im 44. Kapitel. Diese Spottrede (Verse 9–20), eingerahmt von Textstellen, in denen der NAME selbst spricht, verhöhnt *„in nicht ungeschickter ironisch-satirischer Darstellungsweise"* (Elliger 1978, S. 414) all jene, die Götterstatuen[44] schnitzen und diese dann anbeten. Der Text nimmt stilistisch, gattungsmäßig eine Sonderstellung im Ablauf des Kapitels ein, schließt aber an Vers 8 an, war *„von Anfang an nur als Ergänzung zu dem bereits vorhandenen Stück 6–8 gemeint"* (Elliger 1978, S. 415). Der Text sei aufgrund seiner Ästhetik vollständig zitiert:

8b Gibt es einen Gott ausser mir? Und es gibt keinen Fels! Ich weiss von keinem.

9 Die Bildner der Bilder sind alle nichtig, und ihre Lieblinge nützen nichts, und ihre Zeugen, sie sehen nichts und verstehen nichts, damit sie zuschanden werden.

10 Wer hat je einen Gott gebildet und ein Bild gegossen, damit es nichts nützt?

11 Sieh, alle seine Gefährten werden zuschanden, und die Handwerker, sie sind Menschen!
Sollen sie sich doch alle versammeln, sich aufstellen, sie werden erschrecken, allesamt werden sie zuschanden.

12 Man hat Eisen zum Messer geschmiedet und es in der Kohlenglut be-

---

[44] In diesem Fall welche mit menschlichem Aussehen, was jedoch an der Sache nichts ändert.

## 4 Das Bilderverbot im Alten Testament

arbeitet,
und unermüdlich hat man es mit Hämmern geformt, und mit starkem Arm hat man es schliesslich angefertigt. Sogar gehungert hat man, und die Kraft ist geschwunden, man hat kein Wasser getrunken und ist ermattet.

13 Der Zimmermann hat die Richtschnur ausgespannt, unermüdlich hat er mit dem Griffel vorgezeichnet,
es mit den Schnitzmessern ausgeführt und mit dem Zirkel vorgezeichnet, und wie das Bild eines Menschen hat er es schliesslich ausgeführt, wie ein Prachtstück von einem Menschen, damit es in einem Haus stehe.

14 Er ist gegangen, um sich Zedern zu fällen, und hat eine Steineiche genommen oder eine Eiche,
und unter den Bäumen des Waldes hat er ihn kräftig werden lassen für sich.
Er hat Lorbeer gepflanzt, und der Regen hat ihn gross gemacht,

15 und dann hat er einem Menschen als Brennholz gedient. Und dieser hat davon genommen und hat sich damit gewärmt. Er zündet es an und backt Brot! Er macht einen Gott daraus!
Und schliesslich hat er sich niedergeworfen, hat es zum Bild gemacht und sich vor ihm verbeugt.

16 Die eine Hälfte davon hat er im Feuer verbrannt, auf dieser Hälfte isst er Fleisch,
brät einen Braten, damit er satt wird.
Auch wärmt er sich und sagt dann: Ah, mir ist warm geworden, ich habe das Feuer gesehen.

17 Und was davon übrig ist, hat er zu einem Gott gemacht, zu seinem Bild, vor ihm verbeugt er sich und wirft sich nieder, und zu ihm betet er und spricht: Rette mich, denn du bist mein Gott!

18 Sie haben nichts erkannt und begreifen nichts, denn ihre Augen sind so verklebt, dass sie nichts sehen, und ihr Herz ist so, dass sie keine Einsicht haben!

19 Und er nimmt es sich nicht zu Herzen und hat keine Erkenntnis und keine Einsicht, dass er sagen würde:
Die eine Hälfte davon habe ich im Feuer verbrannt, und auf seinen Kohlen

## 4.2 Analyse weiterer exemplarischer Bibelstellen

habe ich Brot gebacken, nun brate ich Fleisch und esse es.
Und was davon übrig ist, sollte ich zu einer solchen Abscheulichkeit machen? Vor einem Holzklotz sollte ich mich verbeugen?
20 Wer sich mit Asche abgibt, dessen Herz wurde getäuscht, es hat ihn verführt;
sich selbst rettet er nicht, und er sagt nicht: Ist das nicht Lüge, woran ich mich halte?
21 Denk daran Jakob, Israel, denn du bist mein Diener! Ich habe dich gebildet, mein Diener bist du. Israel, vergiss mich nicht.
(Zürcher Bibel 2007, S. 985 ff.)

Absichtlich wurde der Versteil 8b, an den die Spottrede anschließt, ebenso mit aufgenommen wie der sich im folgenden Textteil anschließende Vers 21. Zwischen den Versen 20 und 21 wird zwar zumeist eine scharfe Trennung gesehen (begründet wird dies sowohl inhaltlich, aber u. a. mit einem freien Zeilenende in der in Höhle 1 von Qumran entdeckten Abschrift des Jesajabuchs, vgl. Elliger 1978, S. 414), doch für den hier aufzuzeigenden Zusammenhang ist die Hinzunahme des Folgeverses sinnvoll. Auch in diesem Text geht es um Bilder im Sinne des Bilderverbots: Das Wort *pæsæl* kommt hier im zitierten Jesaja-Text in den Versen 9 und 10 vor.[45]

Diese Textstelle ist ein so durch und durch abfälliges Spottlied, eine beißende Polemik auf diejenigen, die Bilder, die Statuen schnitzen und die diese dann anbeten. Ein Spottlied auf jene, die also das tun, was das Bilderverbot so ausdrücklich verbietet. Hier macht sich einer, ein Prophet, lustig über diese Handwerker und über die Bild-Diener, er verhöhnt sie. Dass man auch ganz anders mit dem Thema umgehen kann, war im vorangegangenen Unterabschnitt 4.2.1 zu lesen: In sehr vielen anderen Texten der Bibel werden die Statuen verbrannt, werden ihre Diener getötet, vernichtet, geradezu abgeschlachtet. Hier jedoch,

---

45 Hieran kann gezeigt werden, dass die als „konkordant" bezeichnete Übersetzung von Buber und Rosenzweig (vgl. S. 24 dieser Ausarbeitung) *nicht* durchgängig ein hebräisches Wort mit demselben deutschen Wort übersetzt. War in Ex. 20,4 noch vom „*Schnitzbild*" die Rede, finden sich hier im Jesaja-Text nun „*Schnitzdockenbildner*" (für die „*Bildner der Bilder*", wie die Zürcher Bibel übersetzt) und „*Docke*" (Buber und Rosenzweig 1992b, S. 140).

## 4 Das Bilderverbot im Alten Testament

bei Jesaja, geht es nicht darum, mit harten Strafen ein Verbot durchzusetzen oder mit dem Zerschlagen der Bilder auch die abgebildeten Götter zu vernichten. Der Prophet wählt einen anderen Weg, einen anderen Umgang, indem er die Statuenschnitzer und diejenigen, die diese Statuen, diese Bildern anbeten, der Lächerlichkeit preisgibt.

In der oben angeführten Übersetzung der Spottrede wurde absichtlich als Anfang noch der letzte Vers *vor* dieser Spottgeschichte mit hinzugenommen: Dort spricht der NAME selbst. Er fragt in der Ich-Form, ob es einen anderen Gott gäbe außer ihm. Und er sagt, dass er selbst keinen anderen kennt.
Direkt danach folgt die Spottrede. Sie beginnt gleich mit ihrer Kernaussage, quasi mit dem Ergebnis: Sowohl die Hersteller der Statuen als auch diese Bilder selbst sind nutzlos, nichtig, sie taugen nichts. Niemand hat je ein nützliches Bild geschnitzt.
Und dann folgen die Argumente, wenn auch nicht in sachlichem Ton, sondern in abfälliger, spöttischer Rede. Die Handwerker, die die Statuen schnitzen, sind doch nur Menschen! Wie könnten die etwas Göttliches herstellen? Und wie sie dann erst vorgehen! Zunächst müssen sie sich Messer anfertigen. Das dauert schon ewig. Sie müssen dazu auf ganz aufwändige Weise Eisen schmieden, haben damit so viel Arbeit, dass sie kaum Zeit für das Essen und Trinken finden. Dann muss eine Zeichnung angefertigt werden, wie die Statue denn aussehen könnte. Danach muss dann das Holz besorgt werden, dafür braucht es einen passenden Baum. Dieser muss dann mit dem Messer zurechtgeschnitzt werden. Doch nicht nur das! Einen Teil des Holzes nehmen diese Menschen dann sogar noch zum Heizen, weil ihnen kalt ist. Sie freuen sich über die Wärme, die das Feuer ihnen spendet. Und sie braten ihr Essen darauf, damit sie satt werden. Und aus dem gleichen Holz machen sie ein Bild, eine Statue, die sie dann anbeten, vor der sie niederknien. In den Augen des Propheten scheint dies albern, lächerlich, erbärmlich zu sein – anders lässt sich der höhnische Tonfall seiner Spottrede kaum deuten. Er scheint zu fragen: „Was sind das für Menschen, die etwas so Albernes tun?" Sie haben *„keine Erkenntnis und keine Einsicht"*, so

## 4.2 Analyse weiterer exemplarischer Bibelstellen

sagt es der Text. Auf die Spottrede folgt wieder eine Aussage des NAMENS in der Ich-Form, in der der „Diener" wieder begegnet, also jene hebräische Wurzel עבד ('āvad), die bereits in Unterkapitel 4.1 thematisiert worden war: *„Denk daran, Israel, du bist mein Diener. Ich habe dich gebildet, mein Diener bist du. Israel, vergiss mich nicht."* Es geht also ganz offensichtlich darum, wem gedient wird: dem NAMEN oder einem geschnitzten Stück Holz, einem fremden Gott.

Ganz so einfach, wie Jesaja es hier schildert, war es jedoch im Alten Orient zugegebenermaßen nicht. Das Verständnis im Umfeld Israels zur damaligen Zeit war ein anderes. Die Statue wurde in der Vorstellung der Menschen in Mesopotamien nicht durch die handwerkliche Herstellung, durch das Schnitzen und Hauen, zum Götterbild (zum Gott), sondern der Gott zog durch kultische Rituale in die bereits fertige Statue wie in eine irdische Wohnung ein. Von besonderer Bedeutung war dabei das Mundwaschungsritual.

> Das Kultbild wurde als lebendiger, irdischer Leib der Gottheit angesehen, mit der es durch seine übernatürliche Herkunft und das MWKB seinsmäßig verbunden war. Der Kult des Alltags und der der Feste konnte daher von der grundsätzlichen Identität von Gott und Bild ausgehen.
> (Berlejung 1998b, S. 283)

Das *„MWKB"* ist hierbei das Mundwaschungsritual an einem Kultbild. Die im Zitat angesprochene *„übernatürliche Herkunft"* verweist darauf, dass in der Vorstellung der Menschen der „Bauauftrag" für die Statue von dem abzubildenden Gott selbst gegeben wurde und dass jener die Herstellung begleitete. Daher wurden auch während des Produktionsprozesses kultische Rituale abgehalten. Berlejung stellt fest, dass das Kultbild

> nach dem MWKB nur noch als *Schöpfung der Götter* angesehen wird, daß es über *alle* göttlichen Fähigkeiten verfügt und daß es zu einem „Gott *für* die Welt" geworden ist; [...].
> (Berlejung 1998b, S. 256, Herv. w. dort)

Jeglicher Bezug auf dem handwerklichen Anteil der Menschen, der *„Schnitzdockenbildner"* (Buber, s. o.), ist aus der Vorstellung verbannt, wenn das Kultbild als *„Schöpfung der Götter"* betrachtet wird. Eine solche „göttliche Statue", ein solcher *„Gott für die Welt"*, ist dann kein profaner Gegenstand, dem man einen beliebigen Platz zuweist wie anderen Gegenständen auch. Er erhält vielmehr den Status einer Person, mehr noch: *der* entscheidenden Person in der Gemeinschaft und „wohnt" in ihr.

> Indem man davon sprach, daß man das anthropomorphe Bild „wohnen ließ" und nicht einfach nur „aufstellte", brachte man die Vorstellung zum Ausdruck, daß die Kultstatue ein personales, lebendiges Wesen war, dem man Ehre erweisen und dessen Willen man gegebenenfalls respektieren mußte.
> (Berlejung 1998b, S. 84)

Mit derartigen Vorstellungen kam Israel in Kontakt. Zur Bewahrung des Bilderverbots und zur Warnung an das Volk schreibt Jesaja seine Spottrede, in der er in deutlichen Worten darauf *besteht*, dass die Statuen nur Menschenwerk sind, nur eine handwerkliche Schnitzerei, aus einem beliebigen, willkürlichen Baum, dessen Reste man dann zum Heizen oder zum Kochen verwendete.

Die spöttische Rede des Jesaja will sich also nicht einfach nur über eine beliebig ausgewählte Menschengruppe lustig machen, die etwas Lächerliches, etwas Albernes tun. Die Zielgruppe des Spottes ist nicht zufällig gewählt. Jesaja sucht sich hier für seinen Spott nicht irgendeine Gruppe aus, sondern er sucht etwas aus, was wirklich gesellschaftliche Relevanz hatte. Er sucht sich für seinen Spott diejenigen aus, die mit ihren geschnitzten Statuen den Menschen Holzgötter vorsetzen, und jene, die diese Holzgötter dann anbeten und ihnen dienen, als handle es sich um einen echten Gott (oder anders formuliert: die durch den Dienst das Bild zum echten Gott werden lassen), vielleicht gar um den NAMEN, den Gott Israels. Die spöttische, abfällige Rede Jesajas ist daher *Kritik* an dieser religiösen Praxis. Es ist die Kritik daran, ein ganz einfaches, menschengemachtes, profanes Ding zu vergöttlichen und ihm zu dienen. Es ist

## 4.2 Analyse weiterer exemplarischer Bibelstellen

die Kritik daran, dass etwas, was Menschen zurechtgeschnitzt haben, göttliche, gesellschaftliche Macht bekommt, sodass alle diesem geschnitzten Ding hinterherlaufen und ihm dienen.

Gegen eine solche Praxis, gegen ein solches Vorgehen wendet Jesaja sich – mit Hohn und Spott.

Als Ergänzung zu den Erkenntnissen, die bisher zum Verständnis des Bilderverbots in dieser Ausarbeitung zusammengetragen wurden, kann daher benannt werden: Das Bilderverbot kritisiert nicht nur, dass Bilder, dass Statuen wie Göttern gedient wird, es kritisiert nicht nur, dass die Gefahr besteht, dass zwischen Bild und Gott nicht mehr unterschieden werden kann, sondern es kritisiert auch – wie der Jesaja-Text verdeutlicht – das, was bereits in der Einleitung dieser Ausarbeitung auf S. 13 im Zitat von Günther Anders benannt worden war: die *„Vergottung menschgemachter Dinge"*.

### 4.2.3 Betrachtung der Stelle Gen 1,1–2,4: Tangiert die Gottebenbildlichkeit das Bilderverbot?

Bilder sind verboten, so sagt es das Bilderverbot. Doch ist nicht auch der Mensch ein „Bild Gottes"? Steht nicht genau dies im ersten Schöpfungsbericht der Bibel, gleich zu Beginn des Buches Genesis? Mit der gleichen Art etymologischer Ableitungen, mit denen von „Bild" auf „Gedankenbild" (Vorstellung) geschlossen worden war – derartige Ableitungen wären Heideggers würdig gewesen (vgl. zu dieser Formulierung Anders 1982, S. 38) –, ließe sich von „Bild" auch auf „Ebenbild" schließen und eine Verbindung herstellen. Nun liegt diese Wortgleichheit, bzw. das Identifizieren eines gemeinsamen Wortbestandteils in den Wörtern „Schnitzgebild" (Übersetzung des hebräischen Wortes *pæsæl* von Buber und Rosenzweig, vgl. Kapitel 4.1) und „Ebendbild" allerdings an der deutschen Sprache, wie auch Dohmen feststellt:

> Die Verbindung zwischen beiden Größen ist jedoch nur in der Übersetzung so leicht herzustellen; im hebr. Text stehen zum einen die Lexem-

wahl und zum anderen die fehlenden Verweise der Texte aufeinander dagegen.
(Dohmen 1985, S. 281)

Die Tabelle 4.1 stellt die entsprechenden Wörter und ihre Übersetzungen in einer Übersicht dar. Angemerkt werden muss zu dieser Tabelle jedoch, dass auch *pæsæl* an zwei Stellen des Alten Testaments in der LXX mit *eikōn* übersetzt wird (Dohmen 2012, S. 55). Ergänzt werden kann zudem, dass das griechische Wort für „Bild" im Sinne von „Vorstellung" ein gänzlich anderes wäre: Es lautet ἰδέα, *idéa*.

**Tabelle 4.1:** Vergleichende Darstellung der Substantive für „Bild" in den Textstellen Gen 1, 26 und Ex 20, 4

|  | **Gen 1, 26** (1. Schöpfungsber.) | **Ex 20, 4** (Dekalog, Bilderverbot) |
|---|---|---|
| **Zürcher** | Bild | Gottesbild |
| **Buber / Rosenzweig** | Bild | Schnitzgebild |
| **Hebräisch** | צלם | פסל |
| **(Umschrift)** | (ṣælæm) | (pæsæl) |
| **Bedeutung** | Skulptur; Abbild | geschmiedetes, aus Stein oder Holz geschlagenes Götterbild; Statue |
| **Griechisch (LXX)** | εἰκών | εἴδωλον |
| **(Umschrift)** | (eikōn) | (eídōlon) |
| **Bedeutung** | Bild; Gemälde; Erscheinungsbild; Ebenbild | Götzenbild; Gottesbild; Idol; Gestalt; Götze |
| **Latein (Vulgata)** | imago | sculptura |
| **Bedeutung** | Bild; Abbild; Bildnis; auch: Trugbild | Geschnitztes; Gemeißeltes; Skulptur; plastische Arbeit |

## 4.2 Analyse weiterer exemplarischer Bibelstellen

Um ein präzises Verständnis des Wortes *ṣælæm* wäre in einer separaten Untersuchung zu ringen. An dieser Stelle kann lediglich ein äußerst spekulativer Ausblick gegeben werden, in welche Richtung sich eine mögliche Erläuterung des Begriffs entwickeln könnte. Der Autor der vorliegenden Ausarbeitung liest den ersten Schöpfungsbericht der Bibel einerseits als Affront gegen babylonische Schöpfungsmythen, die er strukturell und inhaltlich auf- und angreift. Interessanter ist jedoch ein zweiter Punkt: Der Text setzt sich ebenfalls sehr deutlich mit der zur damaligen Zeit vorherrschenden patriarchalen Sklavenhaltergesellschaft auseinander. Die Tatsache, dass Mann und Frau „gleichberechtigt" als Gottes Ebenbilder geschaffen werden, und zwar *alle* Männer und *alle* Frauen, ist wohl zu lesen als: „Nein, es gibt nicht mehrere ‚Klassen' von Menschen, es gibt nicht den freien Mann ganz oben, dann irgendwann die freie Frau – und ganz unten die Sklaven. So ist das nicht. *Alle* Menschen sind gleichermaßen Ebenbild Gottes. Und wer sie angreift, wer sie versklavt, wer sie untereinander wertet, der greift Gott selbst an." Dass im Schöpfungsbericht Mann und Frau als Ebenbilder Gottes vorgestellt werden, ist somit aus meiner Sicht vor allem zu dem Zwecke geschehen, alle Menschen „auf eine Ebene" zu bringen, nicht länger Gruppen als „minderwertige" Menschen anzusehen. Dass im weiteren Verlauf der Bibel sowohl das Patriarchat als auch die Sklaverei (Sklaven fremder Völker) mehrfach als Selbstverständlichkeit angesehen werden, würde ich als Gegenargument nicht gelten lassen.

Stimmt diese Interpretation, so würde „Gottebenbildlichkeit" bedeuten, dass die Menschen zum Herrschaftsbereich des NAMENS gehören, dass also nicht Menschen über Menschen herrschen sollen (im Sinne der Sklaverei), sondern dass jeder Mensch in gleicher Weise lediglich den NAMEN als Herrscher „über sich" hat, dem er zu dienen hat. Ein solches Verständnis zeigt sich auch (und nun wage ich doch einen kurzen Exkurs in das Neue Testament) in Aussagen Jesu. Der römische Kaiser war zu neutestamentlicher Zeit auch auf den im römischen Reich verwendeten Münzen abgebildet (vgl. bspw. Schröder 1979, S. 44). Auf die Frage, ob es erlaubt sei, dem Kaiser Steuern zu zahlen (z. B. Mt

## 4 Das Bilderverbot im Alten Testament

22,15–22), fragt Jesus zurück, was auf der Münze zu sehen sei. Als Antwort sagt man ihm: „Das Bild des Kaisers". Daraufhin reagiert Jesus mit einem bei allen Synoptikern wortgleichen Satz:

> So gebt dem Kaiser, was des Kaisers ist, und Gott, was Gottes ist!
> (Mt 22,21, nach: Zürcher Bibel 2007, S. 41 des Neuen Testaments[46])

Dies würde nach der gerade vorgelegten Deutung von *sælælm* bedeuten: „Das Kaiser*bild* auf der Münze steckt dessen Regierungsbezirk ab. Also gebt ihm das, was ihm gehört, gebt ihm sein Geld. Aber gebt ihm nicht *euch*, denn ihr seid Eben*bild*er meines Vaters – und gehört daher zu dessen ‚Regierungsbezirk'."

Eine etwas flapsig ausgewählte Analogie zur Heimatstadt des Autors der vorliegenden Ausarbeitung sei gestattet, um diesen Sachverhalt noch weiter zu verdeutlichen. Während *pæsæl* am ehesten den „Bremer Stadtmusikanten" des Bildhauers Gerhard Marcks entspricht, also einem menschengemachten Gegenstand, einer Statue, einem Standbild, von dem man sich in diesem Fall durch das Berühren der Vorderbeine des Esels Glück und Erfolg erhofft (aus diesem Grund sind die Vorderbeine des Esels im unteren Teil blank), wäre der Begriff *sælæm* eher dem Ortsschild der Stadt Bremen zuzuordnen, mit dem der Bereich abgegrenzt wird, in dem Bremische Gesetze gelten und in dem der „Herrscher" der Stadt, also der Senat der Freien Hansestadt Bremen, das Sagen hat. *sælæm*, hier: das Ortsschild, steckt den Wirkungsbereich, den Regierungsbezirk ab.

Diese – wie bereits oben eingestanden – sehr spekulative Deutung mag falsch sein. Festzuhalten bleibt: „Bild" im Sinne des Bilderverbots (*pæsæl*) und „Bild" im Sinne der Gottebenbildlichkeit im Schöpfungsbericht (*sælæm*) stehen in keinem engen Zusammenhang, sondern sind zwei relativ scharf voneinander zu unterscheidende Phänomene, sodass eine weiterführende Untersuchung zum Wort *sælæm* an dieser Stelle nicht nötig ist.

---

46 In der Zürcher Bibel sind die Seiten nicht testamentübergreifend gezählt; mit Beginn des Neuen Testaments beginnt die Zählung wieder bei „1". Der bisher in dieser Ausarbeitung angegebenen Seitenzahlen jenes Werkes bezogen sich auf den Textteil des Alten Testaments.

## 4.3 Abschließende Deutung des alttestamentlichen Bilderverbots

Das alttestamentliche Bilderverbot wurde nun in einem angemessenen Umfang und in einer der Fragestellung entsprechenden Ausrichtung und Tiefe untersucht und gedeutet.

Zusammenfassend lässt sich schreiben, dass das Bilderverbot viele Aspekte enthält, die man nicht gegeneinander ausspielen sollte. Sich lediglich auf einen Aspekt zu beschränken, raubt dieser vielschichtigen Textstelle ihren Witz. Dass die vorliegende Ausarbeitung einen ganz bestimmten Aspekt bevorzugt betrachtet hat, ist der Fragestellung geschuldet und soll nicht bedeuten, dass keine anderen Aspekte vorhanden sind. Behauptet werden soll jedoch, dass mit dem analysierten Aspekt durchaus ein Kernelement des Bilderverbots betrachtet wurde.

Festzuhalten ist: Der Gott Israels, der NAME, ist im Verständnis Israels ein ganz anderer Gott als die Fremdgötter. Er hat ein anderes „Regierungsprogramm" (das der Befreiung), das den Regierungsprogrammen der Fremdgötter (die im Verständnis Israels alle in die Sklaverei führen) diametral entgegensteht. Doch nicht nur in diesem Punkt liegt ein Unterschied vor. Der NAME ist auch eine ganz andere „Gottesform" (es fehlt der wirklich präzise zutreffende Ausdruck), denn er ist unabbildbar und kann lediglich über exemplarisch ausgewählte, anthropomorphe Wesenszüge erfahrbar oder verstehbar gemacht werden. Die Frage, um die sich Großteile der Bibel (auch im Neuen Testament) drehen, ist: „Wem dienst du?". Auch diese Frage wird im Bilderverbot angesprochen.

Der im Rahmen dieser Untersuchung besonders herausgearbeitete und für den Vergleich mit der Marx'schen Fetischkritik entscheidende Aspekt des Bilderverbots ist der, dass im Bild, in der Götterstatue, den Menschen ein Produkt der eigenen Hand, des eigenen Handwerks, als eine göttliche (und damit gesellschaftliche, gesellschafts-formende) Macht entgegentritt. Das Produkt der eigenen Hand verselbstständigt sich und wird eine mit eigenem Leben begabte „Person", sogar ein Gott.

Ob die Autoren der benannten alttestamentlichen Texte diesen Zusammenhang und die nun derart formulierte Kritikfigur tatsächlich selbst reflektiert und aus genau diesem Grunde absichtlich aufgenommen haben, ist zweifelhaft. Wahrscheinlicher ist, dass sie zwar nicht zufällig, aber doch unabsichtlich mit eingeflossen ist, einfach dadurch, dass sie selbst in diesem gesellschaftlichen Zusammenhang sozialisiert und davon entsprechend geprägt waren. Bemerkenswert ist, dass sie diesem Zusammenhang trotzdem mit einer gewissen Distanz gegenüberstehen.

Die in dieser Ausarbeitung nun herausgebildete Deutung des alttestamentlichen Bilderverbots enthält spekulative Anteile, das muss selbstkritisch angemerkt werden und lässt sich nicht bestreiten. Daher ist es naheliegend, dass sie unweigerlich Kritik hervorruft. So findet man dann auch in der Literatur zum Bilderverbot bereits Passagen, die sich als Kritik an der vorgelegten Deutung lesen lassen – oder in denen Kritik zumindest anklingt. Benno Jacob urteilt in seinem Kommentar zum Exodus-Buch:

> Denn nie und niemals konnte auch der roheste Wilde so wahnsinnig sein, von Anfang an wirklich zu glauben, der *von ihm angefertigte* Fetisch, an dem er mit allerlei Werkzeug herumhantiert hatte, sei wirklich selber Gott. Erst nach und nach mochte er sich in sein Werk verlieben, erschlafften Kraft und Wille, Geistiges nur geistig zu erfassen, und es verschwamm der Unterschied zwischen Bild und Gott, Symbol und Gedanke, Idol und Idee.
> (Jacob 1997, S. 558, Herv. w. dort)

Die Wortwahl (*„der roheste Wilde"*, *„wahnsinnig"*) ist etwas befremdlich und würde heute sicherlich mindestens als diskriminierend bezeichnet werden. Davon abgesehen teilt Jacob hier mit, dass aus seiner Sicht auch zu alttestamentlicher Zeit nicht der Glaube vorgelegen haben kann, mit der Produktion von Sta-

## 4.3 Abschließende Deutung des alttestamentlichen Bilderverbots

tuen würde man Götter erschaffen. Er räumt allerdings ein, dass mit fortschreitender Zeit die Gefahr bestand (vielleicht durch den Kult, durch den Ritus), dass die Unterscheidung zwischen Bild und Gott verschwand. Bemerkenswert ist, darauf sei hier am Rande verwiesen, dass Jacob an dieser Stelle vom *„Fetisch"* spricht, dass er also die Bilder, denen das alttestamentliche Bilderverbot gilt, mit dieser Begrifflichkeit belegt.

An dieser Stelle, also im Bereich der Kritik an einer Position, wie sie hier erarbeitet wurde, fällt dann die Diskrepanz zwischen den Aussagen in wissenschaftlicher Fachliteratur und in populärer Rede (hier: in der Predigt) geringer aus, als es zur Bedeutung des Wortes „Bild" der Fall war. Ako Haarbeck, zur damaligen Zeit Landessuperintendent der Lippischen Landeskirche, schreibt in einer Predigt zum Bilderverbot:

> So primitiv waren die Alten nicht, daß sie ein selbstgemachtes Standbild für einen Gott gehalten hätten.
> (Haarbeck 1992, S. 46)

Haarbeck drückt sich zumindest ein klein wenig gewählter aus, die wahnsinnigen, rohen Wilden sind bei ihm primitive Alte – von der Sache her ist er aber recht nah bei Jacob, auch wenn er die o. g. Gefahr nicht benennt.

Wie dem auch sei: Zu rekonstruieren, was in den Köpfen der *„Alten"* vorgegangen ist, dürfte schwierig sein. Machbarer ist es zu leisten für die Zeit gut 1500 Jahre nach dem Verfassen des Bilderverbots. Im 8. und 9. Jahrhundert wurden im byzantinischen Bilderstreit genau diese Fragen nach der Göttlichkeit der Bilder (welche abgelehnt wurde) und der Abbildbarkeit des Göttlichen (hierzu liefern die Konzilien unterschiedliche Einschätzungen) diskutiert. Spätestens seit dem siebten ökumenischen Konzil, dem zweiten Konzil von Nicäa (787), wurde ein „unmittelbares Verständnis" der Bilder, also eine Gleichsetzung von Bild und Verehrtem, endgültig abgelehnt (vgl. zu diesem Konzil und zu dem ihm vorangegangenen Bilderstreit vor allem Thümmel 2005).

Die Tatsache, dass das angeführte zweite Konzil von Nicäa im Jahre 787 die Gleichsetzung von Verehrtem und dem Bild ausdrücklich abgelehnt hat, lässt

## 4 Das Bilderverbot im Alten Testament

vermuten, dass es diese Denkweise zur damaligen Zeit durchaus gegeben haben wird.

Wie kann das sein? Die Erklärung liegt darin, dass man weder „roh" noch „wild" oder „primitiv" zu sein braucht, um *„ein selbstgemachtes Standbild für einen Gott"* zu halten.

> Der Fetisch schafft es, den Akt seines eigenen Ursprungs zu transformieren, denn auch wenn man wisse, dass er von Menschen geschaffen, ein Artefakt sei, sei dies für seine weitere Nutzung irrelevant.
> (Antenhofer 2011, S. 21)

Zudem: So klar und deutlich es für einen außenstehenden Beobachter auch ist, dass eine selbstgemachte Statue kein Gott sein kann (und auch „innenstehende" Beobachter können das erkennen, siehe Jesaja), so wenig drängt sich dies dem innenstehenden Menschen als Problemanzeige auf. Wer in dem System lebt, ist geprägt von der inneren Rationalität des Fetischs. Eine selbstgemachte Statue als Gott anzusehen ist innerhalb des entsprechenden Systems, der entsprechenden Gesellschaft sicherlich ähnlich „rational", wie heute das Gewinnmachen rational ist. Von außen wirkt es komisch, von innen nicht.[47] Und mitmachen müssen auch jene, die den Fetischcharakter durchschauen – das konnte bereits dem Türcke-Zitat auf S. 13 f. in der Einleitung der vorliegenden Ausarbeitung entnommen werden.

---

[47] Einen Blick „von außen" auf die heutige Gesellschaft versucht bspw. Erich Scheurmann in seinen fiktiven Reden des Südsee-Häuptlings Tuiavii, welcher die Welt der „Weißen", der Papalagi (so auch der Titel des Buches; gemeint sind die Europäer), betrachtet. Häuptling Tuiavii konstatiert: *„Der Papalagi trägt das Wort Christi und Gott und Liebe nur in seinem Mund. Er schlägt mit seiner Zunge daran und macht viel Lärm damit. Aber sein Herz und seine Liebe beugt sich nicht nur, sondern nur vor den Dingen, dem runden Metall und schweren Papier, [...] vor der Maschine, und kein Licht erfüllt ihn, sondern ein wilder Geiz um seine Zeit und die Narrheiten seines Berufes"* (Scheurmann 1989, S. 118). Mit dem *„runden Metall"* und dem *„schweren Papier"* ist Geld gemeint. Hierzu stellt der Häuptling an anderer Stelle fest: *„Doch wenn ihr den Worten eures demütigen Bruders glaubt und wißt, daß ich die Wahrheit spreche, wenn ich euch sage, daß das Geld das Herz und den Kopf und den ganzen Menschen in arge Wirrnis bringt [...] – so werdet ihr das runde Metall und schwere Papier hassen als eueren schwersten Feind"* (Scheurmann 1989, S. 48).

## 5 Zusammenführung von Fetischkritik und Bilderverbot

Die vorliegende Ausarbeitung war in den Kapiteln 3 und 4 darum bemüht, in der Marx'schen Fetischkritik und im alttestamentlichen Bilderverbot des Dekalogs eine vergleichbare Kritikfigur zu ermitteln, nämlich dass etwas von den Menschen selbst Gemachtes ihnen als fremde Macht gegenübertritt.

Im Bilderverbot, deutlicher noch ausgeführt bei Jesaja, sind es die von Menschenhand geschnitzten (oder gehauenen) Statuen, die als Götter für eine bestimmte gesellschaftliche Ordnung stehen und so Macht ausüben. Bei Marx sind es die Waren, von Menschen gemacht, die den gesellschaftlichen Zusammenhang herstellen und so Macht ausüben. Der *„Transfer von Sachen, zu deren Austausch die Personen zusammentreten"*, bewirkt die kapitalistische Synthesis. *„Die Individuen sind Anhängsel der Sachen, nicht die Sachen Anhängsel der Personen"* (Apel 1982, S. 31). Dass dies ein äußerst inhaltsreicher Satz ist, wurde in Kapitel 3 darzustellen versucht.

In beiden Fällen also tritt dieser Sachverhalt, tritt diese vergleichbare Kritikfigur auf.

Analog zum *„prometheischen Gefälle"* bei Günther Anders könnte hier in beiden Fällen von einem „hephaistischen Gefälle" gesprochen werden (Hephaistos ist in der griechischen Mythologie der Gott des Feuers und der Schmiede, er ist der einzige Handarbeiter unter den olympischen Gottheiten). Mit dem Ausdruck *„prometheisches Gefälle"* bezeichnet Anders die *„Unfähigkeit, seelisch ‚up to date, auf dem Laufenden unserer Produktion zu bleiben"* (Anders

## 5 Zusammenführung von Fetischkritik und Bilderverbot

1985, S. 15, Herv. der Quelle entfernt), die Unfähigkeit, sich die Folgen und Konsequenzen dessen, was produziert wird, noch vorzustellen:

> Machen können wir zwar die Wasserstoffbombe; uns aber die Konsequenzen des Selbstgemachten auszumalen, reichen wir nicht hin.
> (Anders 1985, S. 17)
> Die Tatsache der täglich wachsenden *A-synchronisiertheit des Menschen mit seiner Produktewelt*, die Tatsache des von Tag zu Tag breiter werdenden Abstandes, nennen wir *„das prometheische Gefälle"*.
> (Anders 1985, S. 16, Herv. w. dort)

Das „hephaistische Gefälle" lautete dann ausformuliert: „Die gesellschaftliche Macht, die die von unseren Händen erzeugten Produkte (bei Marx die Ware und das Geld, im Alten Testament die Götterstatuen) auf uns ausüben, übersteigt unseren eigenen Einfluss, unsere eigene Macht bei weitem."

Erneut Günther Anders:

> „Daß es von Natur aus diskrete Einzelwesen gibt, das ist zwar ein bedauerlicher kreatürlicher Defekt, und diesen abzuschaffen, werden wir vermutlich niemals fähig sein. Aber darüber zu verzweifeln, liegt kein Grund vor. Einzelwesen sind so wenig Lücken in unserem totalitären System, wie Sieblöcher Lücken im Siebe sind. Obwohl nicht aus Siebmaterial bestehend, funktionieren sie doch als Teile des Siebs, sogar als dessen wichtigste. Und irgendetwas zu leisten, was ihnen nicht durch Größe, Stoff und Form des Siebes diktiert wäre, sind und bleiben sie außerstande."
> *Aus dem molussischen „Lehrbuch des Konformismus"*
> (Anders 1980, S. 131, Herv. w. dort)

Im Sinne des alttestamentlichen Bilderverbots und der Marx'schen Fetischkritik ließe sich ergänzen: Die Einzelwesen selbst sind es, die das Sieb, die das *„totalitäre System"*, in dessen Grenzen sie zu funktionieren haben, erzeugen. Sie selbst stellen es her – und doch kommt es ihnen vor wie eine fremde Macht, die sie beherrscht.

Es gibt jedoch – und das ist kaum verwunderlich bei einem Abstand von etwa zweieinhalb Jahrtausenden zwischen beiden Texten – nicht nur Gemeinsamkeiten, sondern auch viele Unterschiede zwischen dem alttestamentlichen Bilderverbot und der Marx'schen Fetischkritik. Diese Unterschiede betreffen z. T. die ganz realen Unterschiede in der Lebenswirklichkeit der Menschen, aber auch auf der theoretischen Ebene liegen Unterschiede vor. Zwei davon seien kurz angerissen:

In den oben am Beginn dieses Kapitels angeführten Formulierungen, mit denen die Kritikfigur in Fetischkritik und Bilderverbot nochmals beschrieben wurde, deutet sich ein Unterschied an, der herauszustellen ist, will man nicht zu dem Missverständnis verleiten, damals und heute sei doch eigentlich alles gleich.

Die Götter(statuen) *„stehen für* eine Gesellschaft", die Waren *„stellen* eine Gesellschaft *her"*. Die Götter sind in der Vorstellung der Menschen eine wie auch immer geartete höhere Macht, sodass sie allein dadurch schon als transzendent zu bezeichnen sind – auch dann noch, wenn sie in irdische Produkte, in die Statuen „hineinrutschen" und mit diesen gleichgesetzt werden. Für die diesen Götter(statue)n dienenden Menschen bleiben die Götter Wesen aus dem Jenseits. Es handelt sich um eine transzendente Immanenz; das Gleichsetzen von Statue und Gott ändert nichts daran, dass dieser Gott transzendent ist. Die unterschiedlichen Götter haben nun unterschiedliche Ausrichtungen, Zielsetzungen, „Regierungsprogramme", sodass der Dienst an ihnen jeweils zu bestimmten Gesellschaften führt. Jeder Gott *steht für* eine Gesellschaft.

In Bezug auf Waren gibt es die Vorstellung nicht, dass sie eine höhere Macht sind. Die Waren befinden sich nicht im Jenseits, kommen nicht von einer über den Menschen liegenden „göttlichen Ebene" (weder real noch in der Vorstellung der Menschen), sondern sind mitten unter uns – und gleichwohl jenseitig, nämlich in dem Sinne, dass sie den Menschen als fremde Macht gegenübertreten. Allein dadurch, dass sie produziert und getauscht werden, *stellen* sie „ihre" Gesellschaftsform *her* – ganz unabhängig davon, für welchen Götterdienst

## 5 Zusammenführung von Fetischkritik und Bilderverbot

sich die einzelnen in dieser Gesellschaft lebenden Menschen gerne entscheiden würden. Hier handelt es sich um eine immanente Transzendenz; der Aspekt der Jenseitigkeit ist in den Dingen.

Der zweite Unterschied: In der Bibel, im alttestamentlichen Bilderverbot, geht es um personale Götter. Der Marx'sche Fetisch hingegen ist keine Person.[48] Die personalen Götter bleiben als persönliche Götter des Einzelnen auch dann erhalten, wenn längst eine andere Macht, in diesem Fall der Warenfetisch, wirksam geworden ist (siehe hierzu das auf S. 55 angeführte Zitat von Christoph Türcke). Sie erfüllen nun lediglich eine andere Funktion, nämlich die der Kontingenzbewältigung. Ob es derartige „Ungleichzeitigkeiten" zu biblischen Zeiten (man verzeihe mir erneut die flapsige Zusammenfassung von mehreren Jahrhunderten in einem einzigen Begriff) auch gab, wird hier nicht behandelt.

Festzuhalten ist: Der Vergleich zeigt Grenzen bei den Gemeinsamkeiten, die Analogie lässt sich nur bis zu einem bestimmten Punkt halten. Trotzdem: Die in der Quelle Hilke 2011 vorgefundene Übertragung, die Neuformulierung des biblischen Gebotes „Nicht mache dir Schnitzgebild" als „Nicht mache dir Fetische", war alles andere als willkürlich, sondern durchaus inhaltlich begründet.

---

48 Dies mag zunächst wie ein Widerspruch zum Befund auf S. 48 wirken – dort hatte ich ausgesagt, dass die Waren *wirklich selbstständige* Gestalten seien, „wirklich" weil „wirksam". Die Formulierung „wirklich selbstständige Gestalten" ist schon recht nah an dem Wort „Person". Der Unterschied ist jedoch, dass die Waren (das Geld) *wie eine Person* wirksam sind, während die Statuen, die personalen Götter, tatsächlich als Personen aufgefasst werden.

# 6 Fazit und Ausblick

Zu Beginn seines Aufsatzes „Die Sinngebung des Todes im Alten Testament und bei Karl Marx" schreibt Herbert Breit:

> Die hier vorgetragenen Überlegungen wollen weder als Beitrag zum Todesverständnis des Marxismus verstanden werden, noch auf neue Momente im alttestamentlichen Denken über den Tod aufmerksam machen. Sie sollen lediglich gewisse Gesichtspunkte des Vergleichs erörtern. (Breit 1980, S. 460)

In gewissen Grenzen lässt sich Vergleichbares über die vorliegende Untersuchung in Bezug auf das alttestamentliche Bilderverbot und die Fetischkritik bei Marx aussagen. Im Fokus steht auch hier weniger die Herausarbeitung gänzlich neuer Erkenntnisse zu den Einzelthemen, sondern vielmehr der erkenntnisbringende Vergleich unter *„gewissen Gesichtspunkten"*.

Die Gesellschaft in alttestamentlicher Zeit, in der Zeit rund um das babylonische Exil, unterscheidet sich in unzähligen Aspekten von der hochtechnisierten warenproduzierenden Gesellschaft des aufgeklärten Industriekapitalismus. Es gibt kaum gefährlichere und fragwürdigere Unternehmungen als die, von Aspekten der heutigen Gesellschaft, des heutigen Denkens oder heutiger Menschen- und Weltbilder rückprojizierend die damalige Gesellschaft und damals entstandene Texte zu analysieren. Deutlich wird dies in vielen Beispielen, besonders plastisch dort, wo die Bibel als Buch der individuellen, persönlichen, psychischen Erbauung gelesen wird – was sie im Zeitraum ihrer Entstehung auf keinen Fall gewesen sein wird.

# 6 Fazit und Ausblick

Dementsprechend behutsam muss man vorgehen, möchte man in einem Vergleich nachweisen, dass es bei allen noch so großen und noch so prägnanten Unterschieden Gemeinsamkeiten gibt. In der vorliegenden Ausarbeitung konnte hoffentlich gezeigt werden, dass ein Phänomen in beiden Gesellschaften, in beiden Gesellschaftsformen herausgearbeitet werden kann, nämlich das des Fetischs, des vom Menschen selbstgemachten Gegenstandes, der gesellschaftliche Macht bekommt und dem Menschen als eigenständiges, mächtiges Wesen gegenübertritt. Es ist generell problematisch, wenn sich die Einheit einer Gesellschaft an einem solchen „Ding" darstellt und nicht in einem menschlichen Zusammenhang. *Das* ist das Gemeinsame beider Gesellschaftsformen, beider betrachteten Bereiche, *das* ist der Knackpunkt, der in dieser Untersuchung herausgearbeitet wurde.

Dass es eine „anthropologische Konstante" ist, dass sich die Einheit einer Gesellschaft an einem solchen „Ding" festmacht, soll an dieser Stelle jedoch nicht behauptet werden – die Hoffnung bleibt, dass sich andere, menschenfreundlichere Formen gesellschaftlicher Synthesis finden lassen.

An die hier vorgelegte Ausarbeitung sind durchaus weitere Fragestellungen anschlussfähig. Marx diskutiert im Kapital beispielsweise die Frage, wie inkommensurable Gegenstände tauschbar (also: vergleichbar) werden können.[49] Im Gegensatz zur konkreten Arbeit, die den Gegenstand als Gebrauchswert herstellt, führt er daher die *gesellschaftliche* Größe der „abstrakten Arbeit" ein. Ist die abstrakte Arbeit als gesellschaftliches Phänomen die Bedingung der Möglichkeit für Tauschbarkeit – was wären dann die notwendigen Bedingungen, um einen Gegenstand anbeten oder ihm im biblischen Sinne dienen zu können? Welches gesellschaftliche Phänomen sorgt(e) dafür? Dies könnte eine erhellende Forschungsfrage sein.

Eine denkbare Frage wäre außerdem, ob andere Bestandteile von Kult und Ritus dasselbe Phänomen in sich tragen. Dohmen bemerkt: *„Kultbilder soll*

---

[49] Schon der Volksmund weiß, dass Äpfel nicht mit Birnen verglichen werden sollten. Im Warentausch geschieht jedoch genau dies.

*es nicht geben, es sollen aber (stattdessen) Schlachtopfer mit Blutriten stattfinden"* (Dohmen 1985, S. 238). So könnte in einer sich anschließenden Untersuchung der Frage nachgegangen werden, aus welchen Gründen im Volk Israel die Kritik an Kultformen, bei denen die Gefahr besteht, ein Produkt der menschlichen Hand, etwas Selbstgemachtes, zu vergöttlichen, bei der Kritik am Dienst an den Bildern stehengeblieben ist und sich nicht auch auf das Schlachtopfer ausgedehnt hat, bei dem sicherlich eine vergleichbare Gefahr befürchtet werden kann. Wenn die These von Apel stimmt, dass das Opfer die Götter zu Verwandten machen soll (Apel 1982, S. 45), so gehört es wesentlich zu einer gesellschaftlichen Synthese durch Verwandtschaft, wäre bei einer Synthese durch Gott eigentlich gesellschaftlich veraltet. Die Frage ist, ob nicht Religion immer solche veralteten, ungleichzeitigen Elemente enthält. Beim Opfer schlicht deshalb, weil Verwandtschaft nach wie vor im alltäglichen Leben der Menschen eine entscheidende Rolle spielt und so auch die fremde Macht des Staatsgottes samt seinem König zu einem Verwandten gemacht werden soll.

Interessant wäre auch, eine vergleichbare Untersuchung zu der, die in der vorliegenden Ausarbeitung geleistet wurde, mit einem anderen Denker durchzuführen. So ließe sich bspw. ein Vergleich anstellen zwischen alttestamentlicher Bildkritik und der Bildkritik des in dieser Ausarbeitung mehrfach zitierten Günther Anders, der eine solche im Jahre 1956 in seiner umfangreichen Fernsehkritik vorgelegt hat (vgl. hierzu Anders 1985, S. 97–211). In ihr beschreibt Anders, dass die Differenz zwischen Ereignis und Abbild durch das Fernsehen ausgelöscht wird. Ein kleines Zitat aus dieser Medienkritik sei gestattet, um einen Ausblick auf eine solche Untersuchung zu ermöglichen:

> In einem molussischen Märchen gibt es eine böse Fee, die einen Blinden heilt; aber nicht dadurch, daß sie ihm den Star sticht, sondern dadurch, daß sie ihn mit einer zusätzlichen Blindheit blind macht, ihn vergessen läßt, wie das Wirkliche wirklich aussah; was sie wiederum dadurch zuwege bringt, daß sie ihm pausenlos Träume schickt.
> (Anders 1985, S. 125)

## 6 Fazit und Ausblick

Die Fee steht hier für das Fernsehen, das den Zuschauern ständig Bilder der Wirklichkeit sendet, die diese dann für die Wirklichkeit selbst halten. Auch hier ließen sich also Analogien zum Bilderverbot finden – wenn auch auf einer ganz anderen Ebene als bei Marx.

Eine weitere Untersuchung könnte die Brücke in die Welt der Malerei und der Literatur schlagen. An dieser Stelle sei der Verweis erlaubt auf einen Klassiker der deutschen Literatur. In Schillers „Wilhelm Tell", einem Drama in fünf Aufzügen, gibt es die Figur des Hermann Gessler, Reichsvogt in Schwyz und Uri. Dieser Vogt lässt nun seinen Hut aufstellen, damit jener in der Abwesenheit des Vogtes gegrüßt werden kann. Ein Ausrufer gibt kund:

> Ihr sehet diesen Hut, Männer von Uri!
> Aufrichten wird man ihn auf hoher Säule,
> Mitten in Altorf, an dem höchsten Ort,
> Und dieses ist des Landvogts Will und Meinung:
> Dem Hut soll gleiche Ehre wie ihm selbst geschehn,
> Man soll ihn mit gebognem Knie und mit
> Entblößtem Haupt verehren [...]
> (Schiller 1966, S. 349)

Wer den Hut nicht grüßt, grüßt Gessler nicht. Auch hier wird ein „Ding", der Hut, wie das behandelt, für das er stehen soll (für Gessler, den Reichsvogt).[50] In der Kunst, in der Malerei ließe sich bspw. ein Bild Caspar David Friedrichs betrachten, nämlich „Das Kreuz im Gebirge". Das Bild zeigt ein Kreuz mit einem gekreuzigten Körper (wohl der gekreuzigte Jesus), das auf einem Berg steht. Es wird angeleuchtet von aus dem hinter dem Berg liegenden Lichtstrahlen, die anzeigen sollen, dass das Kreuz nicht das Eigentliche ist, sondern dass der göttliche Charakter unsichtbar, nur mittelbar erfahrbar bleibt.

---

50 Im Dritten Reich griff Göring diese Passage des Schiller'schen Werkes auf. Zwei katholische Priester hatten ihm den Gruß verweigert, sodass er sie festnehmen und in ein Konzentrationslager stecken ließ. Dort mussten sie eine für Göring stehende Mütze mit dem Hitlergruß grüßen, die an einer Stange befestigt war.

Für beide Bereiche, für Malerei und Literatur, könnte untersucht werden, ob die in dieser Ausarbeitung herausgebildete Kritikfigur dort ebenfalls auftaucht. Zu fragen ist weiterhin, ob die Handlungsmaximen und Systemimperative, die von den die gesellschaftliche Synthesis herstellenden „Dingen", wie bspw. Götterstatue und Ware/Geld, ausgehen, zwangsläufig verschwinden, sobald diese „Dinge" vernichtet, abgeschafft, überwunden wurden. Für die Götterstatue wurde diese Frage auf der theoretischen Ebene im Rahmen dieser Ausarbeitung bereits angerissen. Auf der empirischen Ebene wird sich diese Frage zumindest für die nun nochmals pauschalisiert benannten „biblischen Zeiten" schwierig bearbeiten lassen. Eine bessere Situation ergäbe sich bei der Betrachtung der Reformationszeit. Hier ließe sich mit einigem Aufwand sicherlich ermitteln, welche Veränderungen in der kultischen und rituellen Praxis durch den reformatorischen Bildersturm bspw. durch die Anhänger Calvins im Genfer Raum erzeugt wurden.

Da es bisher in der Geschichte keine Situation gab, in der eine warenproduzierende Gesellschaft das Geld überwunden hat, könnte eine Betrachtung dieses Falls hingegen nicht auf empirischen, historischen Daten beruhen, sondern müsste eine theoretische Betrachtung bleiben. Forschung zum Thema „Gesellschaft ohne Geld" bzw. „Gesellschaft nach dem Geld" wird bereits intensiv betrieben, derartigen Forschungsbemühungen ist jedoch i. d. R. gemein, dass sie sehr stark technikfixiert sind. In den heutigen und für die Zukunft prognostizierten (bzw. prognostizierbaren) Möglichkeiten im Bereich der Datenverarbeitung, der computergestützten Modellbildung und der automatisierten Produktion (auch der dezentralen, individualisierten Produktion durch bspw. 3D-Drucker) wird die Chance entdeckt, eine „Gesellschaft nach dem Geld" zu organisieren. Ohne hier jetzt in die Tiefe gehen zu können, müsste eine redliche Analyse jedoch die Frage stellen, ob die im Kapitalismus entwickelte Technik eine Option für die Organisierung von Gesellschaft, auch von postmonetärer Gesellschaft, sein kann. Befürchtet werden muss, dass einer solchen Technik weiterhin die Systemimperative der Geldwirtschaft eingeschrieben sind, die

## 6 Fazit und Ausblick

dann hinter dem Rücken der Menschen weiterhin geld-förmig auftreten und wirken. Die auf den Seiten 51 f. bereits angedeutete und knapp formulierte Darstellung zur Funktion der Maschinen im Kapitalismus ist an dieser Stelle wieder aufzurufen und entsprechend fortzuführen.

Aus der vorliegenden Ausarbeitung lassen sich schließlich auch Folgerungen ziehen für die Art, wie Wissenschaft zu betreiben ist. Grigat schreibt über sein im Rahmen dieser Ausarbeitung mehrfach zitiertes Buch:

> Im Sinne der Kritischen Theorie geht die vorliegende Darstellung davon aus, daß Gesellschaftstheorie nur als Gesellschaftskritik zu haben ist, daß die Darstellung gesellschaftlicher Kategorien und Ideologien und ihre begriffliche Rekonstruktion [...] immer zugleich ihre Verurteilung impliziert.
> (Grigat 2007, S. 17)

In diesem Sinne könnte in einer eigenständigen Untersuchung überprüft werden werden, ob nicht Theologie und Religionswissenschaft ebenfalls nur als Religions*kritik* zu haben sind.

# Literaturverzeichnis

**Anders 1979**  ANDERS, Günther: Mein Judentum. In: SCHULTZ, Hans J. (Hrsg.): *Mein Judentum*. 3. Auflage. Stuttgart ; Berlin : Kreuz Verlag, 1979, S. 58–76. – ISBN 3-7831-0550-1

**Anders 1980**  ANDERS, Günther: *Die Antiquiertheit des Menschen. Band II: Über die Zerstörung des Lebens im Zeitalter der dritten industriellen Revolution*. München : Verlag C. H. Beck, 1980. – ISBN 3-406-07552-5

**Anders 1982**  ANDERS, Günther: *Ketzereien*. München : Verlag C. H. Beck, 1982. – ISBN 3-406-08570-9

**Anders 1985**  ANDERS, Günther: *Die Antiquiertheit des Menschen. Band I: Über die Seele im Zeitalter der zweiten industriellen Revolution*. 7., unveränderte Auflage. München : Verlag C. H. Beck, 1985. – ISBN 3-406-09761-8

**Antenhofer 2011**  ANTENHOFER, Christina: *Fetisch* als heuristische Kategorie. In: DIES. (Hrsg.): *Fetisch als heuristische Kategorie. Geschichte – Rezeption – Interpretation*. Bielefeld : transcript Verlag, 2011, S. 9–38. – ISBN 978-3-8376-1584-5

**Apel 1982**  APEL, Hartmut: *Verwandtschaft, Gott und Geld. Zur Organisation archaischer, ägyptischer und antiker Gesellschaft*. Frankfurt a. M. ; New York : Campus, 1982. – ISBN 3-593-33010-5

**Bahr 2010**  BAHR, Raimund: *Günther Anders – Leben und Denken im Wort*. Wien ; St. Wolfgang : Edition Art Science, 2010. – ISBN 978-3-902157-71-3

# Literaturverzeichnis

**Bartelmus 2009** BARTELMUS, Rüdiger: *Einführung in das Biblische Hebräisch – ausgehend von der grammatischen und (text-)syntektischen Interpretation des althebräischen Konsonantentexts des Alten Testaments durch die tiberische Masoreten-Schule des Ben Ascher. Mit einem Anhang: Biblisches Aramäisch für Kenner und Könner des biblischen Hebräisch.* 2. Auflage. Zürich : Theologischer Verlag Zürich (TVZ), 2009. – ISBN 978-3-290-10963-9

**Berlejung 1998a** BERLEJUNG, Angelika: Geheimnis und Ereignis. Zur Funktion und Aufgabe der Kultbilder in Mesopotamien. In: BALDERMANN, Ingo (Hrsg.) u. a.: *Die Macht der Bilder*. Neukirchen-Vluyn : Neukirchener Verlag, 1998 (Jahrbuch für Biblische Theologie (JBTh) ; Band 13), S. 109–143. – ISBN 3-7887-1685-1

**Berlejung 1998b** BERLEJUNG, Angelika: *Die Theologie der Bilder. Herstellung und Einweihung von Kultbildern in Mesopotamien und die alttestamentliche Bilderpolemik.* Göttingen : Vandenhoeck und Ruprecht, 1998 (Orbis Biblicus et Orientalis 162). – ISBN 3-525-53308-X

**Berns 2013** BERNS, Jörg J. (Hrsg.): *Von Strittigkeit der Bilder: Texte des deutschen Bilderstreits im 16. Jahrhundert.* Berlin ; Boston, Mass. : De Gruyter, 2013 (Frühe Neuzeit ; Bd. 184). – ISBN 978-3-11-031628-5

**Bloch 1968** BLOCH, Ernst: *Atheismus im Christentum. Zur Religion des Exodus und des Reichs.* Frankfurt a. M. : Suhrkamp Verlag, 1968

**Bloch 1985** BLOCH, Ernst: *Christliche Philosophie des Mittelalters. Philosophie der Renaissance. Leipziger Vorlesungen zur Geschichte der Philosophie 1950–1956. Band 2.* Frankfurt a. M. : Suhrkamp Verlag, 1985 (suhrkamp taschenbuch wissenschaft). – ISBN 3-518-09677-X

**Bloch und Adorno 1978** BLOCH, Ernst ; ADORNO, Theodor W.: Etwas fehlt ... Über die Widersprüche der utopischen Sehnsucht. Ernst Bloch im

Gespräch mit Theodor W. Adorno. In: BLOCH, Ernst (Hrsg.): *Tendenz, Latenz, Utopie. Ergänzungsband zur Gesamtausgabe*. Frankfurt a. M. : Suhrkamp Verlag, 1978, S. 350–367. – ISBN 3-518-07180-7

**Breit 1980**   BREIT, Herbert: Die Sinndeutung des Todes im Alten Testament und bei Karl Marx. In: ALBERTZ, Rainer (Hrsg.) ; MÜLLER, Hans-Peter (Hrsg.) ; WOLFF, Hans W. (Hrsg.) ; ZIMMERLI, Walther (Hrsg.): *Werden und Wirken des Alten Testaments. Festschrift für Claus Westermann zum 70. Geburtstag.* Neukirchen-Vluyn : Neukirchener Verlag, 1980, S. 60–470. – ISBN 3-525-53565-1

**de Brosses 1972**   BROSSES, Charles de: Auszug aus: Du culte des dieux fétiches, ou parallèle de l'ancienne religion de l'Egypte avec la religion actuelle de Nigritie. In: PONTALIS, Jean-Bertrand (Hrsg.): *Objekte des Fetischismus*. Frankfurt a. M. : Suhrkamp Verlag, 1972, S. 189–191. – ISBN 3-518-07405-9

**Buber und Rosenzweig 1992a**   BUBER, Martin ; ROSENZWEIG, Franz: *Die Schrift. Band 1: Die fünf Bücher der Weisung.* 10., verbesserte Auflage der neubearbeiteten Auflage von 1954. Stuttgart : Deutsche Bibelgesellschaft, 1992. – ISBN 3-438-01491-2

**Buber und Rosenzweig 1992b**   BUBER, Martin ; ROSENZWEIG, Franz: *Die Schrift. Band 3: Bücher der Kündung.* 8. Auflage der neubearbeiteten Auflage von 1958. Stuttgart : Deutsche Bibelgesellschaft, 1992. – ISBN 3-438-01491-2

**Buchbinder 1976**   BUCHBINDER, Reinhard: *Bibelzitate, Bibelanspielungen, Bibelparodien, theologische Vergleiche und Analogien bei Marx und Engels.* Berlin : Erich Schmidt Verlag, 1976 (Philologische Studien und Quellen ; Heft 84). – ISBN 3-503-01240-0

**Buß 2014**   BUSS, Alfred: *Die Macht von bösen Bildern – Das Wort zum Sonntag vom 25.10.2014.* 2014. – URL http:

# Literaturverzeichnis

//www.daserste.de/information/wissen-kultur/
wort-zum-sonntag/sendung/buss-25102014-100.html.
– Zugriffsdatum: 14.10.2015

**Böhme 2006** BÖHME, Hartmut: *Fetischismus und Kultur. Eine andere Theorie der Moderne.* Reinbek bei Hamburg : Rowohlt Taschenbuch Verlag, 2006 (rowohlts enzyklopädie). – ISBN 978-3-499-55677-7

**Böll 1966** BÖLL, Heinrich: Doktor Murkes gesammeltes Schweigen (1955). In: DER. (Hrsg.): *Nicht nur zur Weihnachtszeit. Erzählungen II.* Lizenzausgabe. München : Deutscher Taschenbuch Verlag, 1966, S. 87–112

**Crüsemann 1993** CRÜSEMANN, Frank: *Bewahrung der Freiheit. Das Thema des Dekalogs in sozialgeschichtlicher Perspektive.* Gütersloh : Chr. Kaiser / Gütersloher Verlagshaus, 1993. – ISBN 3-579-05128-8

**Die-Bibel.de – Buber** DEUTSCHE BIBELGESELLSCHAFT: *Deutsche Bibelübersetzungen: Buber.* – URL https://www.die-bibel.de/bibelwissen/bibeluebersetzung/deutsche-uebersetzungen/uebersicht/buber/. – Zugriffsdatum: 07.10.2015

**Die-Bibel.de – Zürcher** DEUTSCHE BIBELGESELLSCHAFT: *Informationen zur Bibelübersetzung: Zürcher Bibel (2007).* – URL https://www.die-bibel.de/online-bibeln/zuercher-bibel/informationen-zur-bibeluebersetzung/. – Zugriffsdatum: 07.10.2015

**Dohmen 1985** DOHMEN, Christoph: *Das Bilderverbot. Seine Entstehung und seine Entwicklung im Alten Testament.* Königstein/Ts. ; Bonn : Verlag Peter Hanstein GmbH, 1985 (Bonner biblische Beiträge ; Bd. 62). – ISBN 3-7756-1076-6

**Dohmen 2012**   DOHMEN, Christoph: *Studien zu Bilderverbot und Bildtheologie des Alten Testaments.* Stuttgart : Verlag Katholisches Bibelwerk GmbH, 2012 (Stuttgarter Biblische Aufsatzbände 51). – ISBN 978-3-460-06511-6

**Elliger 1978**   ELLIGER, Kurt: *Deuterojesaja.* Neukirchen-Vluyn : Neukirchener Verlag, 1978 (Biblischer Kommentar: Altes Testament Bd. XI). – ISBN 3-7887-0521-3

**Engels 1972a**   ENGELS, Friedrich: *Die Lage der arbeitenden Klasse in England. Nach eigner Anschauung und authentischen Quellen.* Berlin : Dietz Verlag, 1972 (MEW 2, S. 225–506)

**Engels 1972b**   ENGELS, Friedrich: *Umrisse zu einer Kritik der Nationalökonomie.* Berlin : Dietz Verlag, 1972 (MEW 1, S. 499–524)

**Feuerbach 1967a**   FEUERBACH, Ludwig: Aus den Heidelberger Vorlesungen über das »Wesen der Religion«. In: *Anthropologischer Materialismus. Ausgewählte Schriften II.* Frankfurt a. M. : Europäische Verlagsanstalt, 1967, S. 119–150. – Herausgegeben und eingeleitet von Alfred Schmidt

**Feuerbach 1967b**   FEUERBACH, Ludwig: Aus der »Theogonie« nach den Quellen des klassischen, hebräischen und christlichen Altertums. In: *Anthropologischer Materialismus. Ausgewählte Schriften II.* Frankfurt a. M. : Europäische Verlagsanstalt, 1967, S. 151–210. – Herausgegeben und eingeleitet von Alfred Schmidt

**Filitz 2002**   FILITZ, Martin: Nicht mache dir Schnitzgebild. Überlegungen zum biblischen Bilderverbot. In: SCHMIDT, Jörg (Hrsg.): *„Du sollst dir kein Bildnis machen". Von der Weisheit des Bilderbotes.* Wuppertal : foedusverlag, 2002 (reformierte akzente 5), S. 15–48. – ISBN 3-932735-60-9

**Frank 1980**   FRANK, Manfred: Die Aufhebung der Anschauung im Spiel der Metapher. In: BUBNER, Rüdiger (Hrsg.) ; CRAMER, Konrad (Hrsg.) ;

## Literaturverzeichnis

WIEHL, Reiner (Hrsg.): *Anschauung als ästhetische Kategorie*. Göttingen : Vandenhoeck & Ruprecht, 1980 (Neue Hefte für Philosophie Heft 18/19), S. 58–78. – ISSN 0085-3917

**Freud 2000a**  FREUD, Sigmund: Fetischismus (1927). In: MITSCHERLICH, Alexander (Hrsg.) u. a.: *Sigmund Freud – Studienausgabe. Band III: Psychologie des Unbewußten*. Limierte Sonderausgabe. Frankfurt a. M. : Fischer Taschenbuch Verlag, 2000, S. 379–388. – ISBN 3-596-50360-4

**Freud 2000b**  FREUD, Sigmund: Der Mann Moses und die monotheistischen Religionen: Drei Abhandlungen (1939 [1934-38]). In: MITSCHERLICH, Alexander (Hrsg.) u. a.: *Sigmund Freud – Studienausgabe. Band IX: Fragen der Gesellschaft, Ursprünge der Religion*. Limierte Sonderausgabe. Frankfurt a. M. : Fischer Taschenbuch Verlag, 2000, S. 455–581. – ISBN 3-596-50360-4

**GegenStandpunkt 2008**  GEGENSTANDPUNKT VERLAGSGMBH: *Wie man „Das Kapital" nicht schon wieder neu lesen sollte. Zur „Einführung in die Kritik der politischen Ökonomie" von Michael Heinrich*. – URL http://www.gegenstandpunkt.com/gs/2008/2/gs20082093h1.html. – Zugriffsdatum: 15.10.2015. – Als Aufsatz enthalten in GEGENSTANDPUNKT 2-08. Politische Vierteljahreszeitschrift

**Godelier 1972**  GODELIER, Maurice: Warenökonomie, Fetischismus, Magie und Wissenschaft. In: PONTALIS, Jean-Bertrand (Hrsg.): *Objekte des Fetischismus*. Frankfurt a. M. : Suhrkamp Verlag, 1972, S. 293–314. – ISBN 3-518-07405-9

**Goldammer 1958**  GOLDAMMER, Kurt: Artikel: Fetischismus. In: GALLING, Kurt (Hrsg.): *Die Religion in Geschichte und Gegenwart (RGG³)* ; *Bd. 2: D–G*. Dritte, völlig neu bearbeitete Auflage. Tübingen : J.C.B. Mohr (Paul Siebeck), 1958, S. 924–925

**Grigat 2007** GRIGAT, Stephan: *Fetisch und Freiheit. Über die Rezeption der Marxschen Fetischkritik, die Emanzipation von Staat und Kapital und die Kritik des Antisemitismus*. Freiburg i. Br. : ça ira Verlag, 2007. – ISBN 3-924627-89-4

**Guzy 2005** GUZY, Lidia: Artikel: Fetisch/Fetischismus. In: AUFFARTH, Christoph (Hrsg.) ; BERNARD, Jutta (Hrsg.) ; MOHR, Hubert (Hrsg.): *Metzler Lexikon Religion. Gegenwart – Alltag – Medien*. Sonderausgabe. Stuttgart ; Weimar : Verlag J. B. Metzler, 2005 (Bd. 1: Abendmahl – Guru), S. 373–375. – ISBN 3-476-02070-3

**Haarbeck 1992** HAARBECK, Ako: *„... auf Dein Wort"*. Neukirchen-Vluyn : Aussaat Verlag, 1992. – ISBN 3-7615-4850-8

**Hegel 1972** HEGEL, Georg Wilhelm F.: *Grundlinien der Philosophie des Rechts*. Frankfurt a. M. ; Berlin ; Wien : Ullstein Verlag, 1972. – Herausgegeben und eingeleitet von Helmut Reichelt. – ISBN 3-548-02929-9

**Heinrich 1991** HEINRICH, Michael: *Die Wissenschaft vom Wert. Die Marxsche Kritik der politischen Ökonomie zwischen wissenschaftlicher Revolution und klassischer Tradition*. Hamburg : VSA-Verlag, 1991. – ISBN 3-87975-583-3

**Hilke 2008** HILKE, Arne: Accra und die Ökonomiekritik. In: DERS. (Hrsg.): *... denn er hatte viele Güter. Arbeitshilfen zur Wirtschaftsethik für Gemeinden, Schulen und Erwachsenenbildung*. Norderstedt : Books on Demand GmbH, 2008, S. 185–215. – ISBN 978-3-8370-4631-1

**Hilke 2011** HILKE, Manfred: Der Ware theologische Mucken. In: HILKE, Arne (Hrsg.): *Damit es unwahr werde! Festschrift für Kuno Füssel zum 70. Geburtstag*. Norderstedt : Books on Demand GmbH, 2011, S. 125–141. – ISBN 978-3-8423-6892-7

# Literaturverzeichnis

**Hobsbawm 1971** HOBSBAWM, Eric J.: *Industrie und Empire I. Britische Wirtschaftsgeschichte seit 1750.* 3. Auflage. Frankfurt a. M. : Suhrkamp Verlag, 1971 (edition suhrkamp 315)

**Hrouda 2002** HROUDA, Barthel: *Mesopotamien. Die antiken Kulturen zwischen Euphrat und Tigris.* 3. Auflage. München : Verlag C. H. Beck, 2002. – ISBN 3-406-46530-7

**Jacob 1997** JACOB, Benno: *Das Buch Exodus.* Stuttgart : Calwer Verlag, 1997. – ISBN 3-7668-3515-7

**Josuttis 2002** JOSUTTIS, Manfred: Das biblische Bilderverbot und die „Bilderverehrung" in der kirchlichen Gegenwart. In: SCHMIDT, Jörg (Hrsg.): *Von den Bildern befreit zum Leben. Wahrheit und Weisheit des Bilderverbotes.* Wuppertal : foedus-verlag, 2002 (reformierte akzente 6), S. 43–58. – ISBN 3-932735-75-7

**Kohl 2003** KOHL, Karl-Heinz: *Die Macht der Dinge: Geschichte und Theorie sakraler Objekte.* München : Verlag C. H. Beck, 2003. – ISBN 3-406-50967-3

**Kurz 2006** KURZ, Robert: *Marx lesen! Die wichtigsten Texte von Karl Marx für das 21. Jahrhundert.* Frankfurt a. M. : Eichborn AG, 2006. – ISBN 3-8218-5646-7

**Marx 1970** MARX, Karl: *Das Kapital. Kritik der politischen Ökonomie. Erster Band. Buch I: Der Produktionsprozeß des Kapitals, 4. Auflage.* 5., unveränderte Auflage (Nachdruck der 1. Auflage 1962). Berlin : Dietz Verlag, 1970 (MEW 23)

**Marx 1972a** MARX, Karl: *Das Kapital. Kritik der politischen Ökonomie. Dritter Band. Buch III: Der Gesamtprozeß der kapitalistischen Produktion.* Berlin : Dietz Verlag, 1972 (MEW 25)

## Literaturverzeichnis

**Marx 1972b**  MARX, Karl: *Verhandlungen des 6. rheinischen Landtags. Von einem Rheinländer. Dritter Artikel: Debatten über das Holzdiebstahlsgesetz.* Berlin : Dietz Verlag, 1972 (MEW 1, S. 109–147)

**Marx 1972c**  MARX, Karl: *Zur Kritik der Hegelschen Rechtsphilosophie: Einleitung.* Berlin : Dietz Verlag, 1972 (MEW 1, S. 378–391)

**Marx 1990a**  MARX, Karl: *Doktordissertation: Differenz der demokritischen und epikurischen Naturphilosophie nebst einem Anhange.* 2. Auflage (Unveränderter Nachdruck der 1. Auflage 1985). Berlin : Dietz Verlag, 1990 (MEW 40, S. 257–373)

**Marx 1990b**  MARX, Karl: *Ökonomisch-philosophische Manuskripte aus dem Jahre 1844.* 2. Auflage (Unveränderter Nachdruck der 1. Auflage 1985). Berlin : Dietz Verlag, 1990 (MEW 40, S. 465–588)

**Merklein 1998**  MERKLEIN, Helmut: Christus als Bild Gottes im Neuen Testament. In: BALDERMANN, Ingo (Hrsg.) u. a.: *Die Macht der Bilder.* Neukirchen-Vluyn : Neukirchener Verlag, 1998 (Jahrbuch für Biblische Theologie (JBTh) ; Band 13), S. 53–75. – ISBN 3-7887-1685-1

**Oelfken 1988**  OELFKEN, Tami: *Maddo Clüver. Konturen einer Kinderlandschaft.* Dülmen-Hiddingsel : tende, 1988. – ISBN 3-88633-121-0

**Pauly 1995**  PAULY, Dieter: «Ihr könnt nicht beiden dienen, Gott und dem Mammon» (Lk 16,13). Die Wiederherstellung einer gerechten Ökonomie und die Bekehrung eines Managers. In: FÜSSEL, Kuno (Hrsg.) ; SEGBERS, Franz (Hrsg.): *«... so lernen die Völker des Erdkreises Gerechtigkeit». Ein Arbeitsbuch zu Bibel und Ökonomie.* Luzern : Edition Exodus, 1995, S. 187–202. – ISBN 3-905575-97-3

**Pietsch 2013**  PIETSCH, Michael: *Die Kultreform Josias. Studien zur Religionsgeschichte Israels in der späten Königszeit.* Tübingen : Mohr Siebeck, 2013 (Forschungen zum alten Testament 86). – ISBN 978-3-16-152273-4

## Literaturverzeichnis

**Plasger 2002**  PLASGER, Georg: Das Bild und die Bilder. Im Gespräch mit Karl Barth zum Bilderverbot. In: SCHMIDT, Jörg (Hrsg.): „*Du sollst dir kein Bildnis machen*". *Von der Weisheit des Bilderverbotes*. Wuppertal : foedusverlag, 2002 (reformierte akzente 5), S. 49–73. – ISBN 3-932735-60-9

**Plaut 2000**  GUNTHER PLAUT, Wolf (Hrsg.): *Die Tora. In jüdischer Auslegung. Bd. 2: Schemot*. Gütersloh : Kaiser, Gütersloher Verlagshaus, 2000. – ISBN 3-579-02647-X

**Pontalis 1972**  PONTALIS, Jean-Bertrand: Einleitung. In: DERS. (Hrsg.): *Objekte des Fetischismus*. Frankfurt a. M. : Suhrkamp Verlag, 1972, S. 7–21. – ISBN 3-518-07405-9

**Ratschow 1957**  RATSCHOW, Carl H.: Artikel: Bilder und Bilderverehrung; I. Religionsgeschichtlich. In: GALLING, Kurt (Hrsg.): *Die Religion in Geschichte und Gegenwart (RGG$^3$)* ; Bd. 1: A–C. Dritte, völlig neu bearbeitete Auflage. Tübingen : J.C.B. Mohr (Paul Siebeck), 1957, S. 1268–1276

**Rohde 2013**  ROHDE, Michael: Artikel: Dienen / Diener (AT). In: *WiBiLex > Das Bibellexikon*. URL `https://www.bibelwissenschaft.de/de/wibilex/das-bibellexikon/lexikon/sachwort/anzeigen/details/dienen-diener-at/ch/20af4d28856b86895630667334363b36/`. – Zugriffsdatum: 17.10.2015, 2013

**Rubel 1968**  RUBEL, Maximilien: *Marx-Chronik. Daten zu Leben und Werk*. München : Carl Hanser Verlag, 1968 (Reihe Hanser 3)

**Scheurmann 1989**  SCHEURMANN, Erich: *Der Papalagi. Die Reden des Südsee-Häuptlings Tuiavii aus Tiavea*. München : Wilhelm Heyne Verlag, 1989

## Literaturverzeichnis

**Schiller 1966**  SCHILLER, Friedrich: Wilhelm Tell. In: KRAFT, Herbert (Hrsg.): *Schillers Werke. Zweiter Band: Dramen II.* Frankfurt a. M. : Insel Verlag, 1966, S. 333–438

**Schmidt 1985**  SCHMIDT, Werner H.: *Einführung in das Alte Testament.* 3., erweiterte Auflage. Berlin ; New York : De Gruyter, 1985. – ISBN 3-11-010403-2

**Schmidt 1993**  SCHMIDT, Werner H.: *Die Zehn Gebote im Rahmen alttestamentlicher Ethik (in Zusammenarbeit mit Holger Delkurt und Axel Graupner).* Darmstadt : Wissenschaftliche Buchgesellschaft, 1993 (Erträge der Forschung ; Bd. 281). – ISBN 3-534-10007-7

**Schnitzler 1996**  SCHNITZLER, Norbert (Hrsg.): *Ikonoklasmus – Bildersturm. Theologischer Bilderstreit und ikonoklastisches Handeln während des 15. und 16. Jahrhunderts.* München : Wilhelm Fink Verlag, 1996. – ISBN 3-7705-3052-7

**Schroer 1987**  SCHROER, Silvia: *In Israel gab es Bilder. Nachrichten von darstellender Kunst im Alten Testament.* Göttingen : Vandenhoeck und Ruprecht, 1987 (Orbis Biblicus et Orientalis 74). – ISBN 3-525-53703-4

**Schröder 1979**  SCHRÖDER, Heinz: *Jesus und das Geld. Wirtschaftskommentar zum Neuen Testament.* Karlsruhe : Badenia Verlag, 1979. – ISBN 3-7617-0158-6

**Soggin 1997**  SOGGIN, Jan A.: *Das Buch Genesis. Kommentar.* Darmstadt : Wissenschaftliche Buchgesellschaft, 1997. – ISBN 3-534-12276-3

**Sohn-Rethel 1985**  SOHN-RETHEL, Alfred: *Soziologische Theorie der Erkenntnis.* Frankfurt a. M. : Suhrkamp Verlag, 1985 (edition suhrkamp. Neue Folge Band 218). – ISBN 3-518-11218-X

**Stegemann und Stegemann 1997**  STEGEMANN, Ekkehard W. ; STEGEMANN, Wolfgang: *Urchristliche Sozialgeschichte. Die Anfänge im Judentum*

## Literaturverzeichnis

*und die Christusgemeinden in der mediterranen Welt*. 2., durchgesehene und ergänzte Auflage. Stuttgart ; Berlin ; Köln : Verlag W. Kohlhammer GmbH, 1997. – ISBN 3-17-015099-5

**Steurer 1989**  STEURER, Rita M.: *Das Alte Testament. Interlinearübersetzung Hebräisch-Deutsch. Band 1: Genesis – Deuteronomium*. 2. Auflage. Neuhausen-Stuttgart : Hänssler, 1989. – ISBN 3-7751-1281-2

**Taubes 1993**  TAUBES, Jacob ; ASSMANN, Aleida (Hrsg.) ; ASSMANN, Jan (Hrsg.): *Die politische Theologie des Paulus*. München : Wilhelm Fink Verlag, 1993. – ISBN 3-7705-2844-1

**Thümmel 2005**  THÜMMEL, Hans G.: *Die Konzilien zur Bilderfrage im 8. und 9. Jahrhundert. Das 7. Ökumenische Konzil in Nikaia 787*. Paderborn : Ferdinand Schöningh, 2005. – ISBN 3-506-71374-4

**Türcke 1992**  TÜRCKE, Christoph: *Kassensturz. Zur Lage der Theologie*. Frankfurt a. M. : Fischer Taschenbuchverlag, 1992. – ISBN 3-596-11249-4

**Veerkamp 2012**  VEERKAMP, Ton: *Die Welt anders. Politische Geschichte der Großen Erzählung*. Hamburg ; Berlin : Argument / InkriT, 2012 (Berliner Beiträge zur kritischen Theorie 13). – ISBN 978-3-88619-353-0

**Volli 2002**  VOLLI, Ugo: *Semiotik. Eine Einführung in ihre Grundbegriffe*. Tübingen ; Basel : A. Francke Verlag, 2002. – ISBN 3-7720-2983-3

**Vulgata 1969**  JOHANNES GRIBOMONT (Hrsg.) ; D. SPARKS, H. F. (Hrsg.) ; ROBERT WEBER (Hrsg.) ; BONIFATIUS FISCHER (Hrsg.) ; WALTER THIELE (Hrsg.): *Biblia sacra. Iuxta Vulgatam versionem: Genesis – Psalmi*. Stuttgart : Württembergische Bibelanstalt, 1969

**Westermann 1966**  WESTERMANN, Claus: *Das Buch Jesaja. Kap. 40-66*. Göttingen : Vandenhoeck und Ruprecht, 1966 (Das Alte Testament Deutsch, Teilband 19)

## Literaturverzeichnis

**Zürcher Bibel 2007** *Zürcher Bibel*. Zürich : Genossenschaft Verlag der Zürcher Bibel beim Theologischen Verlag Zürich, 2007. – ISBN 978-3-85995-241-6

In der Reihe „BEITRÄGE ZUR SOZIALÖKONOMISCHEN HANDLUNGSFORSCHUNG"
sind in der Vergangenheit erschienen:

**Nr. 1:** Reichelt, Helmut (1999): *Der Zusammenhang von Werttheorie und ökonomischen Kategorien bei Marx.*

**Nr. 2:** Heide, Holger (1999): *Arbeitssucht – Skizze der theoretischen Grundlagen für eine vergleichende empirische Untersuchung.*

**Nr. 3:** Girschner, Christian (2001): *Falsche Kategorien oder verkehrte Welt? Eine Kritik des Dienstleistungsbegriffs und der Außenhandelskategorien am Beispiel der Globalisierungsdiskussion.*

**Nr. 4:** Heide, Holger (2001): *Individual and Social Economic. Dimensions of Work Addiction.*

**Nr. 5:** Schulze, Rudolf (2004): *Zur Kritik der akzeptierenden Jugendarbeit mit rechtsradikalen Jugendlichen.*

**Nr. 6:** Meyer, Lars (2004): *Theorie und Politik des Eigentums in der Wissensgesellschaft. Zur Supervision systemtheoretischer und neo-institutionalistischer Deutungsmuster im Prozess der Transformation von Ökonomie, Recht und Sozialtheorie.*